情系山乡

从孔镇铺到三里店

汪佑宝◎著

安徽师范大学出版社
ANHUI NORMAL UNIVERSITY PRESS
·芜湖·

图书在版编目(CIP)数据

情系山乡:从孔镇铺到三里店 / 汪佑宝著. — 芜湖:安徽师范大学出版社,2021.12

ISBN 978-7-5676-5485-3

Ⅰ.①情… Ⅱ.①汪… Ⅲ.①散文集—中国—当代 Ⅳ.①I267

中国版本图书馆CIP数据核字(2021)第232138号

情系山乡:从孔镇铺到三里店　　汪佑宝◎著

QING XI SHANXIANG : CONG KONGZHENPU DAO SANLIDIAN

责任编辑:潘　安
责任校对:祝凤霞　管健行
装帧设计:张德宝
责任印制:桑国磊
出版发行:安徽师范大学出版社
芜湖市北京东路1号安徽师范大学赭山校区　　邮政编码:241000
网　　址:http://www.ahnupress.com/
发 行 部:0553-3883578　5910327　5910310(传真)
印　　刷:南京凤凰数码印务有限公司
版　　次:2021年12月第1版
印　　次:2021年12月第1次印刷
规　　格:700 mm × 1000 mm　1/16
印　　张:13.25
字　　数:190千字
书　　号:ISBN 978-7-5676-5485-3
定　　价:52.00元

可贵的故土情怀

夏克震

前不久，汪佑宝同志给我送来一本文稿，翻开一看，是他写的各类文章和摄影图片。细细读来，那诚挚的家乡情结、深厚的故土情怀，感动了我。

汪佑宝曾经是我的学生，他出生在三里，从小到大，除去上高中和大学，几乎没离开过家乡，一直生活、工作在三里，是土生土长的三里人。这里的水土养育了他，这里的风情熏陶了他。他不仅在教育工作岗位上兢兢业业，以报答父老乡亲，还利用业余时间走遍三里的每一个角落，探访三里的村落，用文字和镜头记录了大量资料。这本《情系山乡——从孔镇铺到三里店》，讲述三里的历史，赞美三里的山水，记录三里的风土人情，歌颂三里人民的光荣传统，是他多年劳动的成果，抒发了他对家乡的赤子之情。

他熟悉家乡的每一座山，尤其对吕山感情更深，因为他的老家就在吕山脚下。他对吕山的地貌、植被、岩洞、泉水都有详细叙述。他考证了古代有哪些名人来过吕山，在这里留下哪些遗迹。他搜集了大量古代文人咏诵吕山的诗词。如：

明代本邑举人汪景在《吕山漫兴》中说：

木落山风静，池涵水月深。
乾坤留胜地，云鹤伴闲心。
酒泛黄花饮，诗敲绿竹吟。
扶筇时览景，幽径似陶林。

清代贡生王震为吕山脚下的涌珠泉写诗云：

不谓此山中，君与仙源通。
连珠涌地起，根底于谁穷。

一首首古人写的诗，让现在的人读了，肃然起敬，对吕山心生向往。

他热爱家乡的河，对流经三里的每条河，都介绍了流向、水量、灌溉面积和当年的水运情况，对穿梭在山间的溪流也有述及。为了弄清漳河上游的源头，他翻山越岭，探寻泉眼，只为求证其源头是三里镇吕山村土塘的水洞。

有河、有溪就有桥，作者对家乡的桥情有独钟。在书中，他提及的桥，大大小小十几座。有小巧玲珑的单孔石拱桥，有宽阔平铺的长条石板桥；有的依山傍村，小桥流水；有的贯通泾南两县，长虹卧波。

他对这些桥的造型、结构和建造年代，用文字和照片做了介绍。他查阅史料，搜集民间传说，介绍这些桥的建造经过。位于吕山若坑的马义桥，是由泾川名士陈铠公兄弟出资所建，他娓娓道来，故事曲折生动，颂扬了乐善好施、造福乡里的良好乡风。三元桥，两则传说并存，让读者见仁见智。书中十几帧古桥的照片，充满着岁月的沧桑，使读者对三里这片古老的土地感到敬畏。

三里，在他的笔下，是历史悠久、人文厚重的一方宝地。自古以来，有许多著名人物来此活动，有许多历史故事在这里上演。三里为什么叫三里店？孔村为什么没有人姓孔？这里许多矮山包为什么叫营盘？凡此等等，在书中他都有生动解答。他说，孔夫子曾来过三里，留下了孔村、书院、车山、望尼山等地名；他说，黄巢起义的首发地就是三里，唐朝末年的吴王杨行密曾在三里吕山练过兵打过仗，明代抗倭将领沈炼的故居就在吕山若坑。这些，有的是美丽的传说，有的是确凿的史实。

家乡的山水可爱，家乡的人民可亲。他的父母是三里地地道道的农民。他们勤劳善良，辛苦劳作，养育了五个子女，并让三个男孩读书而跳出了“农门”。这在当时是多么不易！他在书中花了大量篇幅，回忆父母的往事，表达思念和感激之情，情真意切，感人至深。他在书中对他的老师、同学、同事多有提及。本书的感情脉络就是乡情、友情和亲情。

热爱家乡，依恋故土，是我们中华民族的优良传统，是中华民族赖以生生不息、发展壮大的精神支柱。把个人、家乡、国家融为一体，努力工作，在为实现中华民族伟大复兴而奋斗的当今，更具有积极的意义。

2021-05-15

目　录

第一编

第二编

第三编

第一编

早春三月(吕山若坑)

雾漫稻香(孔村垱坝)

牧歌流淌(澄桥滩上)

四季守望(铁炉桥四季)

悠悠吕山情

吕山位于南陵县三里镇东南部，海拔300.1米。主峰突出，山顶平坦宽阔，算不上高大险峻，却有着优美的民间传说、美丽的自然环境和丰富的矿产资源。

吕山又名戴母山，与县内第一高山戴公山遥遥相望。传说，原先两山一样高大，地藏王自北方而来欲寻宝地建寺，他右脚踩戴公山、左脚跨戴母山，想稍作休息，戴母山无法承受而地陷下沉，于是他便一步迈到了九华山，九华山香火旺盛起来，吕山成了现在的高度。

吕山也兴建过寺庙，有一段时间香火旺盛，是香客去九华山烧香拜佛的前站。传说吕山寺庙后面有一口古井，井水甘甜，虽说位于山顶，但常年不干不漫。大旱时，山下之河干得断了流，山上井水仍能供僧侣和香客饮用。现在寺庙早已不见，但有一口古井仍在使用。

吕山东麓，是沈姓族人居住地，古地名叫“环溪若坑”。这是一个充满诗情画意的地方，孤峰河、马义桥、枫树岗孕育了环溪“八景”，赢得了清代多位文人如徐凤诏、黄居寅、刘杓等为其赋诗吟诵，其中与吕山直接相关的就有“双溪玉带”“澄潭秋水”等美景。

吕山南边有一个叫“金埂”的村庄，村旁保留着东汉、六朝古墓群。两千多年前，古人就在此开挖金矿，“金埂”由此而得名并沿用至今。如今，三里镇通过引进外资、利用现代科技，古老的藏金地获得了新的生机，金灿灿的黄金再次出现。

吕山西边是三里镇矿山工业区，蕴藏着丰富的白云石、石灰石、铁、锑等矿产资源。现已探明的白云石储量达2.9亿吨，石灰石储量在5亿吨以上。这里建起了建筑石料矿业公司、冶金炉料公司，机器轰鸣，车辆穿梭，一车车炉料、石料运往山外，既为三里镇带来了丰厚的财税收入，又解决了农村富余劳动力的出路，为乡里乡亲致富提供了门路。

矿山工业区旁有一地下深泉，泉水从深潭底部的砂砾间喷出，带着气泡，似一串串珍珠伴着咕噜噜的响声向上涌动，因而得名“涌珠泉”。泉水清澈甘甜，冬暖夏凉，四季涌动。在古代，玉塘徐氏将“涌珠泉”选为“八景”之一，并取名“龙口淮源”。

吕山北面半山腰有一个石灰岩溶洞，史志上叫“石室”，又叫“兵库洞”。洞口有一丈见方，前厅有两三间屋子大小，然后逐渐缩小伸向远方，深不可测。洞内涓涓细流，常年不涸，深处四壁上常常趴着密密麻麻的蝙蝠，蝙蝠一旦受惊就倾巢出洞。“吕山石室”也是玉塘徐氏“八景”之一。

石室之南有“天井宕”，石壁陡峭，气势雄伟。相传唐代杨行密在吕山屯兵时，常在此修身养性。

20世纪中叶，吕山东北面和山顶上建了两个集体林场，现在早已绿树参天，翠竹茂密。据统计，吕山原生态竹木和人工造林面积均在5000亩以上。吕山山顶还建有吕山云毫茶业基地、板栗基地、柿子基地等等。吕山，春天踏青，茶香花香清香扑鼻；秋季登高，野果家果硕果迎面。

吕山山顶有烽火台，登临而远眺，远近风光尽收眼底：集镇上，鳞次栉比的高楼大厦清晰可见；园区内，工人的忙碌声和机器的轰鸣声似乎充耳可闻；自北向南，一条公路蜿蜒曲折，宛若一条飞舞的彩带，将三里镇和云岭革命老区紧密相连，公路旁点缀着农家小院和农家别墅；由西向东，葛洲坝至上海的50万伏超高压直流输电线路，临空飞架，横穿山腰而去，令人升起无限遐想。

我生于吕山，儿时经常依门对着大山发愣，头脑中只有一个念头：山好高好高。读小学和初中时，每天都要步行四五里绕到山的另一面，朝往暮返，不禁埋怨山路太远太远；到县城读高中时，远离了吕山，心中总是觉得缺少了什么，想家的时候或是遇到困难的时候，就会爬到楼顶对着吕山的方向眺望，天气晴朗的时候，偶尔能看到吕山的剪影，眼前便会浮现出父母辛苦劳作的身影，每到这时，浑身就会精力大增，从而激励我攻克一道道难题。

大学毕业后，我回到吕山的怀抱，执鞭从教，举目便与吕山相望，移步亦同吕山相伴。几十年来，我亲身经历和见证了吕山周围翻天覆地的变化，更感受到了大山的恩惠。我为神奇富饶的吕山而自豪，为物阜民康的三里而骄傲。

2006-01-10

吕　山

人文吕山

吕山，我家乡的山！它位于南陵县南部，离县城约25公里，与古铜冶遗址的大工山遥遥相望。清顺治十三年《南陵县志》载有举人秦凤仪序，说："太白一留饮，而仙坊斯著，宣圣一息游，而吕山以传。"这显示吕山在春秋时已有山名，因为有孔子的寻访而源远流长。

山上古迹很多，曾为南陵有名的景点之一。吕山山顶地势平坦开阔，空气清新宜人，是念经求仙、修行问道的好地方。峰顶有明朝南京户部主事汪冀夔建造的"天竺庵"，清末为野火毁灭，如今尚遗存石牌坊、石鼓、石门槛等。1971年，在庵址附近的荆棘丛中发现一口完好的古井，井水清澈见底，甘甜可口，井旁边还有天池一口，为当年僧人洗衣沐浴之用。

明代万历年间，本县有一位诗人叫汪景，住在与吕山相连的烟墩大格里，其两子皆为县令，两孙双双中进士。汪景有《吕山漫兴》一诗赞美吕山。

清人王际康写有《吕峦拱秀》一诗颂扬吕山：

云树苍茫锁一村，风情不减武林源。
吕峰岃崱[①]排当面，故遣青青送到门。

吕山有美景，更有浓厚的读书氛围。清初，南陵教谕、桐城人张增敏作有一诗《题辋村读书图》，就是最好的证明：

①岃崱，读作 lìzè，形容山峰高耸。

吕岚高出碧云端，如画溪山面面观。
爱有幽人结茅屋，读书午夜不知寒。

吕山的东麓沙塘冲有观音庵遗址，庵虽不存，仍有石碑、古井等散落文物。

南麓有个叫金埂的小村庄，传说古代炼金时曾埋藏有金门槛。1978年夏天，从这里出土了一把“吴王光剑”，据考证，此剑是吴王阖闾在位时期（公元前514年—前496年）所铸造，距今约有2500年的历史。

西南麓有“涌珠泉”，系淮水源头。清代本县诗人王震游此泉时曾赋诗。王震还对该泉做了形象描述：

我昔弄珠坐石上，石腹隐隐如雪荡。
细心贴耳毛发寒，疑有神涛相漭沆。

西麓有石室，当地人称神仙洞，内有清泉涓涓流出，传说孔子曾在此设坛讲学。石室下面的山脚处，有一地名叫“书院”的小村庄，以及不远处的“夫子岭”“车山”“望尼山”等小山的名称都应该和这个传说有关。宋代县志认为证据不足，而明洪武宣城府志载“孔子书台在县南六十里”，清康熙府志亦有“孔子书台在吕山下”的记录。

明代文人程文秀有《吕山石室》一诗为证：

翠壁双开一径幽，曾闻圣迹此中游。
杏芬追想径坛教，泉鸣疑思洙泗流。
石室静空苔藓合，吕崖虚敞紫烟浮。
辙还辄抵山尤重，史记芳名千载留。

此外，成书于清光绪二十八年的玉塘《徐氏宗谱》，其“八景”诗的第五首《吕山石室》有这样的描写：

尼圣周流间道中，分明自楚入吴东。
曾闻辙迹当年过，忽讶琴书此地逢。
雨洒吕溪洙泗润，月辉石室杏坛空。
至今藏得真筌诀，千载陵阳仰圣踪。

由此可见，无论孔子是否真的到过吕山，吕山人尊孔崇文的风尚则是多年不变的。

在古代，吕山驻扎过军队并且是古战场。据县志记载，唐僖宗文德元年（公元888年）八月，杨行密自铜官济江，败宣州兵于吕山，遂克宣州。其他史书如《资治通鉴》《读史方舆纪要》等亦有记载。如今，吕山西麓的连绵山梁，人们称它为“马道子”，东北麓的一条山冲叫“跑马冲”，正是此番历史事件口口相传而来的。

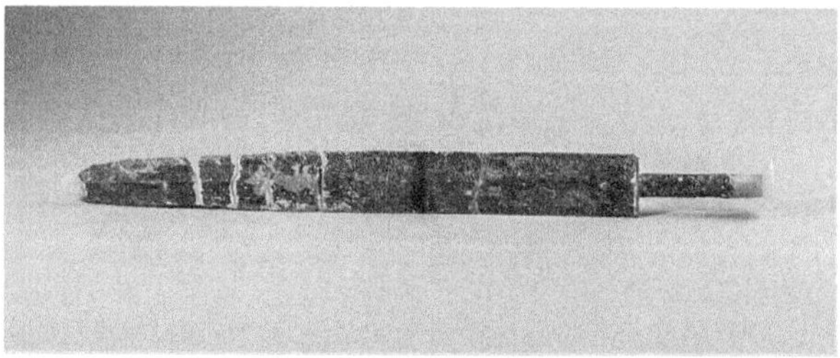
吴王光剑

抗日战争时期，新四军军部由歙县岩寺移驻吕山土塘，以吕山为屏障，而使其成为军事要塞。吕山山顶、山腰及附近的群山上，我军战士开挖坑道战壕，多次粉碎日寇的“大扫荡”。

吕山，如此丰厚的文化底蕴，哺育了一代代人。人文吕山，我心中永恒的山！

2009-08-10

杨行密与吕山

民间传说与史书记载

吕山，历来为兵家必争之地，但因战事都不特别出名，很少被文字记载下来。然而，吕山的战略地位以及交通区位是重要的，吕山的文化底蕴是丰厚的，一千多年来，当地老百姓中一直流传着杨行密在吕山屯兵操练的故事。

吕山西南面地势较为宽阔，适宜军队操练，人称“马道子”；东北角一条小山冲，名曰“跑马冲”；正西面半山腰的石灰岩溶洞——神仙洞，洞口足有一丈见方，深不可测，大厅能容纳数百人，又名“兵库洞”，洞口安装门扇、门槽的凿痕依然清晰可见。

1924年徐乃昌等编纂的民国版《南陵县志》卷五“舆地志”吕山条目下这样写道：

县南六十里淮水之源，上有石室，下有孔子书院故址。

按府志：吕山有石室，山南石窦，有泉涌出，即淮水之源也，南流五十里至县为东溪。

又云：唐文德初，杨行密自铜官济江，败宣州兵于吕山，遂克宣州，即此。

《读史方舆纪要》卷二十八载：

吕山县南六十里，山有石室，其南为石窦，有泉涌出，即淮水之源也。唐文德初，杨行密自铜官济江，败宣州兵于吕山，遂克宣州。

《资治通鉴》卷二五七载：

文德元年八月，……行密从之，使蔡俦守庐州，帅诸将济自糁潭。孙端、张雄为赵锽所败，锽将苏塘、漆朗将兵二万屯曷山。袁袭曰：公引兵急趋曷山，坚壁自守，彼求战不得，谓我畏怯，因其怠，可破也。行密从之。塘等大败，遂围宣州。锽兄乾之，自池州帅众救宣州，行密使其将陶雅，击乾之于九华，破之。乾之奔江西，以雅为池州制置使。

神仙洞

杨行密其人其事

杨行密，字化源，原名行愍，唐末庐州合肥人。他小时候就成了孤儿，性格内向，喜欢独处，成年后力气很大。其宽简有智谋，善抚御将士，同甘共苦，推心待人，轻徭薄赋。欧阳修在《新五代史》中赞曰："宽仁雅信，能得士心。""呜呼。盗亦有道，信哉！"

唐朝末年，杨行密于江淮起义，先被官府抓捕，后获刺史私放，再后来参加本地军队，经常立功，很快升为队长，不久被派往朔方（今宁夏灵武）守边。回来后，因得不到上司喜欢，再次被安排戍守边疆，他一气之下，杀了军吏，召集百来号人发动兵变，占领庐州。没落的朝廷不得不承认既成事实，任命他为庐州刺史。

此后，杨行密参加了江、浙、皖地区军阀间的混战，通过智取扬州（当时淮南的政治和经济中心）、主动放弃扬州、突袭宣州、固守宣州等谋略，得以击溃孙儒，进而再次开进扬州，并被朝廷任命为淮南节度使。在此基础上，杨行密不断出兵，将淮河以南、长江以东的大片领地纳入他的势力范围。

民国版《南陵县志》以及《读史方舆纪要》等记载的杨行密相关事迹，正是发生于杨行密在主动放弃扬州、退向庐州后那段时间。

杨行密夺取扬州城后，未到一个月时间，蔡州藩镇秦宗权派其弟秦宗衡和部将孙儒率大军渡过淮河，前来争夺扬州。杨行密虽用计谋除掉了秦宗衡，但在孙儒的凌厉攻势下，内无粮草，外无救兵，新收高骈旧部未受厚恩，大多心存两端，以强弱择向，很难稳住，遇到极大困难。杨行密采用谋士袁袭之计：庐州乃旧治，城禀充实，可为后图。于是杨行密悄悄撤出扬州，退向庐州。孙儒得知情况，派兵尾随追击。

杨行密生恐回庐州难保，反而给家乡带来祸难，到庐州后再次采纳袁袭的建议，改变战略，转道攻占宣州，然后再向东、南、西三个方向发展。

当时，军阀赵锽盘踞在宣州，赵锽原为池州刺史，奉秦彦召，被委以宣州刺史后，其兄赵乾之仍据守池州。赵锽为后路着想，派兵驻守于池州、宣州之间的战略要地吕山，以备两州互相呼应，这便是史书上的“宣州兵”。

文德元年（公元888年）八月，杨行密指挥和州的孙端从采石（今属马鞍山）渡江，与上元（今南京内）的张雄会合，组成东路大军进攻宣州，但东路大军很快被赵锽打败了。杨行密自己带领西路大军从无为的糁潭横渡长江，到达铜官渚（今铜官山）。渡江后，在南陵县境内打败了赵锽派驻于吕山的宣州兵，并派大将陶雅驻守于交通和战略要地的吕山，以准备攻打宣州时，阻击池州方向赵乾之的增援部队。

其时，赵锽部将苏塘等领兵2万余人，驻扎于宣州西南的曷山（今名文脊山）。杨行密继续采纳袁袭计谋：速趋曷山，示以弱，待其怠，一举大败苏塘等，乘胜包围宣州。赵锽的哥哥赵乾之得知宣州被围，立即由池州领兵前往增援，陶雅则根据杨行密的部署，主动由吕山西进100里迎敌，阻敌于九华山下，赵乾之大败后逃往江西。

从以上的史实可知，唐末时吕山驻军至少有两次：先是宣州刺史赵锽的部队（宣州兵），被杨行密军渡江后打败；接着是杨行密的军队，打败宣州兵后，开始时由陶雅驻防。陶雅是杨行密的同乡，击败赵乾之后，杨行密任陶雅为池州制置使，后任团练使，再后来任歙州刺史、西安招讨使等。陶雅为政，宽厚待民，善用兵，在军民中享有较高威望。

那时的吕山，人声鼎沸、战马嘶鸣，从春到夏，从秋到冬，将士们挥汗如雨，苦练杀敌本领。当地经济因吕山驻军而繁荣起来，附近民众安居乐业，前后达十多年之久。吕山人感念杨行密的恩德，将吕山是杨行密操练军队的场所口口相传，流传至今。

公元889年，赵锽弃宣州逃跑而被斩杀，杨行密占领宣州，被朝廷封为检校司徒，歙、池、宣观察使。

孙儒大军追至庐州，见杨行密不仅未回庐州，还巧占宣州，非常气愤，于是扒掉杨家祖坟，抢夺杨行密控制的苏州、常州、润州，双方你争我夺，互有胜负。其间，杨行密施仁于民，收揽民心，留意人才，丰满羽翼，积蓄力量；孙儒则相反，肆行烧杀抢掠，四处出击，所至必破，导致人人痛恨，最终在进攻宣州的时候被杨行密所杀。于是，杨行密率兵长驱直入，再占扬州，受到百姓拥戴，朝廷正式任命杨行密为淮南节度使。此后，杨行密派遣部将各守重镇，一番攻城掠地，先后攻占滁州、和州等处，尽得沿江三十余州，形成事实上的割据局面。

天佑三年（公元906年）冬，杨行密患重病，闻知朱温残杀唐末幼帝，愤怒至极，不久病卒，终年54岁。

一千多年过去了，曾经叱咤风云的淮南吴王早已淡出人们的视野，但是在其故乡合肥吴山仍有很多遗踪，例如吴王庙、吴王墓，以杨行密女儿百花公主命名的百花园以及百花井，还有特产“吴王贡鹅”，等等，大抵寄托了合肥人对淮南吴王杨行密的怀念。

杨行密起于淮南民间，转战于大江南北，开创了由藩镇到王国的吴王基业。从唐末至五代，杨吴政权统治江淮地域近四十年。在转战江南的过程中，杨行密与吕山结下了不解之缘。

2010-10-07

文人墨客咏吕山

——兼质疑王翔先生有关吕山的论述

我在多篇文章中提到过吕山的人文历史，也抄录了不少历代文人咏叹吕山的诗歌。近日，读到王翔先生讴歌南陵的《江南陵阜间》一文。作者以南陵县内的主要峰岭为主线，从优美的风景、丰富的人文等方面，把南陵描绘成“一幅幅美丽的图画、一卷卷可以细细翻阅的线装书”。作为南陵人，我们感到无比骄傲。

然而，细细读来，其中“年年吕山，无数的春来冬往形成的底蕴，鲜有文人墨客在这里挥毫吟咏风雅，也少见达官贵人在这里雕凿赞饰升平”的说法令人愕然，笔者不敢苟同。

其实，翻开史志，稍加留心，古人吟咏吕山及其周边事物的诗歌，俯拾皆是。今辑录部分，请王翔先生雅鉴。

民国版《南陵县志》中有明代本邑举人汪景的诗《吕山漫兴》二首，其二如下：

双鬓垂丝白，疏灯对影红。
风高惊落叶，斗回仰天空。
恋阙惭才拙，寻山喜睹通。
何须争跨鹤，土室日安穷。

还收录有清初南陵教谕、桐城人张增敏的诗《题辋村读书图》。他在《游千堆山》中首句便是“追寻胜迹吕南来”，说明他对吕山是非常熟悉的。

清代贡生王震为吕山脚下的泉水写有《涌珠泉》，收录于民国版《南陵县志》中。

明代文人程文秀曾留有《吕山石室》一首，此诗既向人们描绘了石室及四周的优美景色，又为后人传下孔子曾在此游历讲学的美好传说。

成书于清光绪二十八年的《玉塘徐氏宗谱》“八景”诗中也录有《吕山石室》诗。

清代文人王际康也写有七律《吕峦拱秀》。同时，王际康还在《环溪沈氏宗谱》中为其“八景”诗的第二景“澄潭秋水”赋诗一首。

民国版《南陵县志》中收录清人徐凤诏的《淮水文澜》：

源从天井势弥漫，流到门前涧愈宽。
春涨一湾云入画，秋波两岸月生寒。
频繁沼浅鸥同浴，杨柳堤深客把杆。
此去桃源知不远，武陵佳境共盘桓。

这些诗虽不是直接吟咏吕山，可吟咏的对象或是在吕山脚下，或是自吕山而来，都与吕山有不可分割的山水关系，如“澄潭秋水”即指位于吕山东麓的马义桥畔，“天井”即指西面半山腰的“天井宕”。

再者，汪景的次孙汪冀夔先中乡举，后中进士，初授襄阳令，后迁南京户部主事，期间在吕山正顶建有“天竺庵”，供人们修行。清末该庵为野火毁灭，如今尚存石牌坊、石鼓、石门槛等。

综上，吕山的丰厚人文底蕴，既“有文人墨客在这里挥毫吟咏风雅”，又“见达官贵人在这里雕凿赞饰升平”。正如清顺治十三年《南陵县志》中秦凤仪序所说“太白一留饮，而仙坊斯著；宣圣一息游，而吕山以传”，吕山在春秋时即有此山名。

对于以上这些古人吟诵和赞美吕山的诗歌，王翔先生以为然否？还能够说“鲜有文人墨客在这里挥毫吟咏风雅，也少见达官贵人在这里雕凿赞饰升平”吗？

2010-11-25

三里古镇藏石桥

三里镇位于南陵县南部。东南与泾县毗邻，属皖南丘陵向山区的过渡地带，自古即为交通要道，境内因有南陵古“十景”之“南浦甘泉”而成为漳河的源头之一，更有孤峰河曲折蜿蜒十余里流淌而过。南部深山里茂林修竹，翠绿宜人。密布的河流溪水时而汹涌湍急，时而舒缓宁静。先人们为了方便沟通，走出大山，在纵横交错的河流小溪上，因地制宜地架设了一座又一座结构不同、形态各异的石质桥梁。

马义桥

马义桥位于三里镇南面的吕山若坑自然村。明朝末年，泾川云岭名士陈铠与其弟陈钜捐巨资修建。该桥三墩屹立，桥身双拱高耸，跨度20余米，桥面宽有5-6米，突立于山间平地中的孤峰河上。

马义桥

合乐桥

合乐桥位于吕山村合乐村民组，桥的另一头与泾县接壤。原名铁鑪桥，是由长条石构成的石板桥，清宣统三年（1911）由环溪沈伦一募建。现存的是1963年部分桥墩被洪水冲垮后，由泾南两县人民联合重修的，因而取名“合乐桥”（即老合乐桥）。

合乐桥全长约14米，由四墩三孔构成。每孔桥面用三块约5米长、30厘米见方的条石平铺而成。桥面无拦杆，桥墩由条石垒砌而成，迎水面呈三角形以减少洪水对桥身的推力，背面呈方形，垒桥墩的石条上钻有方孔和沟槽，用特制的“门”形铁钉固定。由于河床在此处比较低，稍远只能看到两棵古老的水桦树遥相守望，走近才能发现，这里还有一座不可多见的方孔石板桥。从下游往上看，竟然如此高大。平时步行其上，令人有些心悸，发洪水时才能真正感受到建桥人的匠心独具。

合乐桥

紫峰桥

漳河的源头之一叫淮水，在淮水的上游，山泉村祠湾村民组，幽深狭长的山间溪流上，隐藏着一座石拱桥。此处正是三里镇通往泾县北贡、中村乃至青阳县的又一重要交通要道。

与马义桥相比，在不甚宽阔的水面上，仍然建造了四墩三孔石拱桥，无论是石块的外表凿痕，桥孔的曲率，还是桥身的比例，都显得严密精致，做工一丝不苟，小巧玲珑，精彩秀丽，既美观又实用。

据了解，该桥建造于清嘉庆年间，经查证民国版《南陵县志》，并与当地村名、地貌比对，此桥就是该县志记载的紫峰桥。

紫峰桥

马桥、三元桥、环水桥

马桥位于山泉村广济坦南面，古永顺堰下，是池宣古驿道上的一座单孔石拱桥。清雍正乙巳泾邑王氏新建，乾隆庚子年王氏裔孙重修。

马桥及其桥碑

三元桥在吕山凉亭自然村东首，孤峰河的一条支流上。吕山玉堂（即土塘）徐氏三延公建于清乾隆十六年。

三元桥及其桥碑

环水桥位于三元桥下游约一公里的金埂自然村东面。清咸丰四年，金埂村民重建。

环水桥及其桥碑

这三座古桥均有桥碑清楚记载，实属难得。

峨岭桥

峨岭桥位于今高铁小镇峨岭街道（池宣间古驿站）的正北面。明代嘉靖年间知县钱照建造，清雍正三年知县宋廷佐重修，嘉庆丙辰年（公元1796年）夏，南陵县令左辅首倡捐八十金，士民捐资一千五百余两，再修。清人刘杓《重修峨岭桥碑记》有记载。光绪十五年蛟洪冲圮，宣统三年再修。现为七墩六孔水泥公路桥，乃原318国道上一处重要交通实施，外观上仍不失往日的气势与恢宏，是新中国成立后重修的。

峨岭桥

河西桥、澄清桥、岸头桥

除去上述这些石桥外，三里镇还有许多修建于20世纪50—70年代的单孔和多孔石拱桥，比较有名的当数位于西岭村的三孔河西桥、位于澄桥村的四孔澄清桥和位于吕山村的五孔连缀的岸头桥了。

河西桥

岸头桥

澄清桥

新峨岭大桥、新澄清桥

进入21世纪，新318国道上的新峨岭大桥和近百米长的新澄清桥，为三里镇的桥梁建设增添了新的气息。

新峨岭大桥

新澄清桥

毫不夸张地说，走进三里，就是跨入石桥陈列馆了。

2008-03-24

孤峰河上赏石桥

青弋江上一条不起眼的支流——孤峰河，它发源于泾县云岭陈塘水库，流经北贡、里马村、外马村后，河面逐渐宽阔起来。两岸青山滴翠、树木葱茏、民风淳朴；河中碧水潺潺，游鱼欢畅；河上一道道滚水坝形状各异，一座座石拱（板）桥姿态万千，徜徉其间，令人赏心悦目。

上游第一座桥叫虎澜桥，是云岭通往北贡、烟墩的必经之地。虎澜桥重建于二十世纪五十年代末，石桥依山势而建，横跨于两山之间最窄处，由条石和混凝土修筑而成，桥身单孔。

新旧虎澜桥

进入南陵县三里镇吕山村后，河面上平跨着新、老两座合乐桥。新桥是由钢筋混凝土浇筑而成的公路桥，横跨泾、南两县，连接云岭与三里，桥面中侧竖立着国务院设立的泾县、南陵两县的第2号界碑。

新合乐桥（右边是拆了左边后重建的）

下游100米处，在两棵古老的水桦树间，静静地平躺着另一座合乐桥，即前文所说的老合乐桥。

沿着老合乐桥往下，在名叫乌龟岭的山坡下，河流转了一个90度的大湾，河水经年累月地冲击着山边的岩石，在湾里形成一个很深的潭，人称大龙潭。几百年来，潭水从没有干涸过，人畜（牛）从都不敢到潭中游泳嬉水。

龙潭的下面是吕山村部所在地的岸头自然村，这里有东汉、六朝古墓群，带有铜钱、棱形纹等典型汉代特征的砖块随处可见，几千年来，人们一直在这里繁衍生息。新中国成立后，人们在这里修建了一座五孔连跨的石拱桥，桥上车来人往，桥下筑坝挡水：一是蓄水供村民生活饮用，灌溉河边农田；二是筑渠引水至夥山大畈，滋润那里的数百亩良田。古时这里叫岸（堰）头、岸（堰）坝，这座桥由此得名岸头桥。此村居民以张姓为主，当地人称张家岸头上。2012年，县农村公路危桥改造民生工程，将不堪重负的老岸头桥拆除，建起了一座崭新的吕山桥。如今从这里走出了十多位大学生。

岸头桥

下游800米处，紧靠着吕山的一个村庄叫“金埂”。2000多年前，古人就在这里开矿炼金。村前孤峰河支流的小溪上，于乾隆十六年和咸丰四年，还建有两座单孔石拱桥，分别叫环水桥和三元桥。村中还传说有“金门槛”，收藏于安徽省博物馆的“吴王光剑”，就是从这里出土的。

吕山桥

在孤峰河即将流出南陵县界的地方——若坑（古时称环溪若坑），自古就居住着沈姓大家族，明代龙虎将军沈炼就出生在这里。在古代，这里是云岭、茂林等地前往三里、南陵乃至芜湖的必经之地。此处的孤峰河上有一座双拱高耸的“马义桥”，有优美的传说。

孤峰河再次进入泾县昌桥镇后，在一个叫龙桥村的河段上，出现一座叫“龙桥”的古石拱桥，也由四墩三孔构成。笔者虽不了解其相关传说，但从壮观且沧桑的桥身可以推想它有悠久的历史。

龙　桥

再往下游，河面更加宽阔，石拱桥已不多见，取而代之的是现代化的钢筋混凝土公路桥。孤峰河以美丽的桃园滩奉献给人们，最后融入青弋江。

漫步孤峰河上，观赏着一座座石桥，既可领略到沿岸的风情民俗，又可感受到历代劳动人民的聪明才智。

2006-09-26

马义桥的故事

孤峰河发源于泾县北贡里，在南陵县三里镇吕山村蜿蜒五六公里后，再入泾县孤峰乡，最后注入青弋江。孤峰河河面宽窄不一，在山间峡谷中奔流时，河面狭窄，水流湍急；跌入平地后，河面宽阔，水流平稳。我们的先人为了方便沟通，走出大山，在流经吕山的这段河道上，因地制宜地架设了一座又一座结构不同、形态各异的桥梁：上有单拱似月的虎澜桥，中有石条平铺的合乐桥（原名铁炉桥）和五孔连缀的岸头桥，下有双拱高耸的马义桥，其中以马义桥最为古老。

马义桥

马义桥位于三里镇吕山若坑自然村，当地人称大拱桥。始建于明崇祯四年（公元1631年），由泾川云岭陈铠、陈钜兄弟出资。清光绪二年（公元1876年），陈铠公九世孙陈□繁重修。

桥畔的若坑，古时称环溪若坑，历代居民以沈姓为主，数百年间人丁兴旺、经济繁荣、人文荟萃。明朝收复平壤的龙虎将军沈炼就出生在这里。若坑地处泾县山区的出口处，是当时的交通要塞：云岭、茂林等地前往南陵、芜湖，必须从环溪若坑过孤峰河、翻枫树岗经草鞋店到达南陵的南厢重镇三里店。

这里原先建有一座木板桥。桥面由很窄的数块木板相接，可供人马单向行走。若是骑马，只能前进，不能后退，不能调头。传说当年泾川名士陈铠要出山办事，骑着一匹高头大马来到若坑的孤峰河畔，毫不犹豫地跨上木板桥，走过第三块木板后，前面的那块木板忽然脱落。桥下是滚滚激流，四野则不见人影，眼看连人带马就要葬身河底，马儿驻足长嘶，陈铠仰头叹息："想我陈铠，自诩乐善好施，竟未曾在此交通要道处修桥，方便世人，今遭此不测，乃天惩我也！"听罢此言，马儿停止了嘶鸣，扭过头来望着骑在它背上的陈铠。陈铠深知马通人性，含着泪说："陈某不善，老天惩我，我死无憾，今连累及汝，实不忍心！如若天意能赦陈某，汝当能倒退回岸，保住汝我性命。我将罄尽家资，在此修桥，让世人方便。"马儿听了点点头，真的一步一步倒退回去。陈铠遭此险遇，行善之心愈坚，爱马之情愈笃，回家说与家人，家人惊叹之余，都支持他在若坑修桥。其弟陈钜为表诚意，也慷慨解囊，要求与兄长共同出资。为了感谢爱马的救命之恩，遂将此桥命名为"马义桥"。此段佳话在若坑当地广为流传，并见著录于清嘉庆年间的《泾县县志》。

马义桥构筑于河床的岩石上，全用优质麻石垒砌。桥身双拱高耸，三墩屹立，跨度二十余米，桥面宽有五六米，原先铺设着整齐的石阶，两边还有护栏。桥身高大，呈现坡度，突立于山间平地中的孤峰河上，似巨龙卧波，蔚为壮观。

桥上古藤缠绕，枝条垂挂。春天，桥身古藤上缀满细小的淡黄色花朵，便成为"花桥"，吸引众多行人驻足观赏；夏天，高大的桥身下成为人们纳凉消暑的好去处，也是游泳嬉水的好地方；秋天，古藤枝叶五颜六色，与远处枫树岗的红枫叶遥相辉映，甚是养眼怡人；冬天，银装素裹，天、地、桥一色，似银桥飞架人间。

马义桥四季掠影

四百年来，马义桥与椅子山、枫树岗相依相伴，历经战火的洗礼，屡遭洪水的侵袭，至今仍巍然屹立在孤峰河上，背负川流不息的行人，迎送南来北往的车辆。

2005-12-27

三元桥的传说

康乾时期，南陵县三里镇境内的吕山顶上建有寺庙好几座，僧侣近百人。由于芜湖至青阳驿道从山脚下经过，吕山成为东南一带人们前往九华山烧香拜佛的前站。当地居民祈求风调雨顺、盼望平安幸福、希望子孙勤学苦读、谋求功名利禄等，更是倾囊还愿。三元桥便是众多还愿古迹中难得保留下来的一座石拱桥。

相传在乾隆初年，泾县云岭汀潭附近的小岭（汀潭通往泾县城的一处关隘）脚下，有一个叫小曹村的村庄，在那里居住着近百户曹姓人士。其中有一户，父亲因病早逝，母亲带着三个儿子，仅靠几亩山地相依为命。

人们常说“靠山吃山，靠水吃水”，可这样的人家因为没有男劳动力，“靠着山”而没有“靠山”。女主人除去种好几亩山地外，凭借帮人做些针线活，维持全家生计。不过这位母亲非常注重对孩子的培养，尽管日子过得艰难，仍然坚持从牙缝中省下钱请来私塾先生，教孩子们读书识字。孩子稍大后，还安排他们帮自己做些力所能及的体力活。俗话说“穷人的孩子早当家”，三个孩子在这样的家境中，在母亲的言传身教下，心理意志得到了磨炼，思想品德受到了熏陶，心胸远大、志趣高尚，立志长大后报效国家、报答父母养育之恩。

那年科举考试开考前，这位母亲带着三个儿子，前往吕山烧香拜佛。他们从小曹村经汀潭过铁炉桥，再转过顾家村的团山，一条小河挡住了去路。这条小河发源于冷水冲，河水不是很深，河面也不是很宽阔，然而流水却冰冷刺骨。

河上没有桥，要想过河必须赤脚蹚水而行。这位母亲一边带着孩子们赤脚过河，一边想：每天从这里过河的人很多，要是能够在此修建一座小桥，那该是多么好的一件善事呀！刚好今天要去吕山上香拜佛，我要带着儿子们在佛前许个愿，只要有一个儿子能够在乡试中榜，我们一定在此建桥还愿。这也是激励孩子们勤奋上进的好方法。

也许是上苍念及人们蹚水过河的艰难，其实应该归功于曹氏一家人的勤劳、善良、刻苦和奋发拼搏，经过多年的努力，终于事遂人愿，三个孩子先后分别摘取了乡试的“解元”、会试的“会元”、殿试的“状元”三顶桂冠，而且个个都得到朝廷重用。

随着家境的日渐富裕，在母亲六十大寿的那一年，三个儿子联袂捐资建桥，并以此作为寿礼献给母亲。母亲为桥取名“三元桥”，寓含“三元及第”之意。

传说归传说，经笔者调查考证，三元桥由玉堂徐氏三延公（即迁入土塘徐氏第三世孙）兴建于清乾隆十六年（公元1751年），距今有250多年的历史，桥身拱形条石上的相关字迹清晰可读。古桥所处位置系当时徐姓人士聚集地——土塘自然村的东大门。据当地老人回忆，二十世纪中叶，三元桥依然在使用。那时的三元桥，远远望去，桥身单拱似月，山、水、桥相映成趣；走近细看，桥体秀气匀称，楼、石、栏精雕细凿。如今的三元桥，因年久失修，现已闲置停用，其旁建有水泥板桥供人畜来往和车辆通行。三元桥，除去优美的传说外，更多的则是展示出历史的沧桑，应该列为文物而加以保护了。

2009-06-22

童子桥寻访记

三里镇，具有典型皖南丘陵地貌特征。镇内低山连绵，溪流环绕。一座座古石桥姿态万千，数百年文化积淀，世代流芳。

经过多年探访，以及与魏青平老师实地考证，我们发现三里地区保存基本完好的古桥有马义桥、三元桥、马桥、环水桥、铁炉桥、紫峰桥、九弓桥（或八弓桥）、汪家桥、牧家桥（取音）、肖冲无名桥等。前四座都有桥碑明确记载，次三座县志上有记录，再次两座当地有桥名流传下来，最后一座无记录、无流传。

今年暮春，魏老师的《人迹罕至的古桥密境》一文发表在“南陵在线”公众号上，有位热心读者读后留言：

三里镇吕山有座童子桥，七八百斤重，据当地老人说，是由30个未满12岁的孩子架的，所以叫童子桥。

看到留言后，我立即回复这位读者，询问具体地点，也许是该读者没有看到，也许是没有时间，一直没有得到回复。随后，魏老师将寻访童子桥的任务，交给我来完成。于是，我多方打听，向吕山老家的亲戚打听，特别是向吕山村的村干部们去了解，但都说不知道或没听说过。翻阅民国版《南陵县志》，上面也没有相关记载。

就在快要失去寻找信心的时候，5月30日下午，我随早年学生朱义明、汪先木，前往泾县茂林探访古民居，途中聊到关于桥、路的话题。汪先木是吕山金埂人，他说金埂有一座童子桥，我惊喜：“踏破铁鞋无觅处，得来全不费工夫！”在了解具体位置后，我于5月31日早上向魏老师汇报。年事已高的老师不顾天气炎热，立即乘车前往吕山金埂，展开实地寻访。

刚到金埂村口，下车问一老人，老人立即指引我们看向田畈间依稀可见的小溪，指明在第三根电线杆往西，就是童子桥。于是，我、魏老师，还有车主钱师傅，三人沿着小溪，向上游寻找。过水沟，踏泥泞田埂，步行约500米，在废弃小溪中，原先长满了的茭白叶子没有了，取而代之的是秧苗，继续往西，小山边的远处有些茭白叶子。再问田间劳作的村民，他顺手一指，说就在田边旧溪的茭白叶子中。我们终于见到了有些神秘的童子桥。

原来，童子桥就坐落于三元桥与环水桥之间的废弃小溪上。由于不常使用，走的人少，显得有些破败。整座小桥，就是一块长石条，斜架在小溪上，周围长满了野茭白、杂草和小竹丝。桥梁的石质为青石，目测，长有4米多，宽约40厘米，厚约30厘米，据钱师傅估计，桥重至少1000斤。我们赶紧拿出手机和相机，从不同角度拍摄童子桥。

村中老人告诉我们，自古以来，金埂背后就是吕山，村民要想出村，必须经过村前那条蜿蜒的小溪。溪上原先有一块木板桥，但时常被洪水冲走。村中有一富绅，虽说乐善好施，却无子嗣继承财产。但这并没有泯灭他修桥补路的一颗善心，他坚持自己的善举，屡毁屡修。由于盼望子嗣，他就用当地盛产的桐籽树做建桥的木板，不知不觉中，“桐籽桥”的桥名在当地流传开来。此事感动了吕山山神，山神请来天兵天将，是一群不满12岁的神童，他们在山神的带领下，迈着整齐的步伐、喊着震天的口号，从吕山上抬来一块长条石，架在小溪上，建起了稳固的石桥。村民们家家放鞭炮以示庆贺，人人向他们竖起大母指，夸他们是助人为乐的神童。后来，富绅老年得子，“桐籽桥”就成为“童子桥”。

童子桥

金埂村及吕山

老人还告诉我们：在吕山的南面，有这座“童子桥”；在吕山的北面，山泉村还有一座跟“童子桥”类似的“狠汉桥”。返回时，我们顺道拜访了原山泉村汪守保老支书，了解“狠汉桥”的情况。他说，“狠汉桥”也是一座长条型石桥，架在约5米宽的河上，位于山泉村玉塘与鲍冲之间，传说是一位“狠汉”独自背来搭建的，所以叫“狠汉桥”。可惜的是，上世纪七十年代，一村民玩弄开矿用的炸药，竟然炸了“狠汉桥”。

在回去的车上，魏老师说，三里的古代文化博大精深，内涵丰富，可形成多个系列：一是与孔子有关的儒文化；二是古桥文化；三是山水文化（如吕山、永顺堰、漳河源头）；四是红色文化；五是名人乡贤文化（如沈炼、叶大雯、王梦官）；六是远古文化（如商周土城、吴王光剑、金矿冶炼、土墩墓）。这些文化值得研究，要深入挖掘。

2021-06-02

氏族兴衰汪家桥

从环溪若坑到东山林场，再到百岭坑，是一条长长的山冲，长到翻过分水岭，便到了泾县县城附近。山冲唯一的小溪叫清溪。在流经东山林场场部门前的河段上，至今留存着一座古老的石拱桥，当地人称“汪家桥”。

汪家桥建筑风格与风化程度

这座单孔石拱桥，名不见经传，就连在内容丰富、详实的民国版《南陵县志》上，也找不到相关记载，但是有着非凡的桥梁功能、独特的建筑风格和鲜为人知的故事传说。

从若坑出发，沿着蜿蜒的水泥路，绕过东山自然村后，道路便与清溪河一直并行。快到场部门口处，水泥路面比桥身高出1米多，如果不注意，很难发现，在横穿清溪的那条小路下，沉睡着一座古石桥。

左转，进入小路，走过汪家桥，沿着溪边下到河床上，一座单孔石拱桥跃然眼前，清藤绿蔓爬满桥身。从下往上看，单拱似月，颇为壮观。清澈的溪水无声地穿过桥洞，向北流向若坑、流向孤峰河。

很久很久以前，在清溪河的对面，沿着东面的山脚，居住着一个很大很大规模的汪姓族人群落，人称“汪家园”，这个地名沿用至今，这座桥也一直叫“汪家桥”。在2000年以前，“汪家桥”是通往原纸厂小学（在“汪家园”内）唯一的交通要道。

这座小桥，看起来十分低矮，当地人却说，从来没有被大水淹没过，哪怕是再大的山洪，也从没有漫过桥面。这让我好奇，弯腰俯下身，进入桥洞中，突然发现，这座石拱桥的建筑风格，与我见到的明、清时期的古石桥，有很大的不同。现有留存下来的明、清时期的石拱桥，大多用条石平放砌拱，可这座桥是用薄一些的片石，竖立起来砌拱。随着年代的久远，桥孔中风化了的片石间，出现了许多沟和缝，显得很不平整。

很明显，单从石料的块数上看，建同样跨度的拱，这种方式需要的片石数量比条石需要的多，但其每块石料的重量轻，制作、运输起来相对容易。

由此，我产生了联想与疑问：这座“汪家桥”，是否属于早于明、清时期的建筑？于是，我多方打听，不断寻访，渐渐知道了一些跟“汪家桥”有关的故事传说。

从若坑到东山林场，这条长山冲，自明朝中期以来，居民以沈姓为主，其他杂姓很少，他们是明代“援朝抗倭”名将沈炼的族人，在这里繁衍生息已有600多年。

族群中有这样的传说：很久很久以前，沈姓先祖一人从南方逃荒要饭，来到这里。这条山冲原来住着汪氏族人，其规模比现在沈氏族人居住的范围还要大：往北，住到了对面沙南冲的山冲里；往南，住到了今宣纸厂往里几里地的深山中。如今，山冲里，从清溪坑到百岭坑脚下，仍有大量的房屋墙基遗址存在，随处可见残砖断瓦、条石柱础，山上古坟累累，规模十分宏大。在此繁衍生息数百年的汪氏族人，乐善好施，修桥补路等善行代代相传。那座“汪家桥”因水而生，因姓而名，因坚固实用而保留至今。

当年，这位沈姓先祖，看到这里山清水秀，民风淳朴，拿定主意要在这里定居下来，自食其力。于是，他选择投靠汪家园中一户汪姓人家，起早贪黑帮主人干活，下地犁田插秧，上山砍柴放牛，不怕流汗，深得主人喜欢。开始时，他睡草棚，慢慢地有了自己的半间陋居，渐渐地还博得了主人家小姐的芳心，有了自己的家。

当生活越来越好的时候，他想起了自己的故乡，想起了自己的父母，他准备回老家看一看。岳父岳母支持他，特地让他夫妻二人，携带礼品，回老家探亲。

天有不测风云，人有旦夕祸福。就在他夫妻二人回南方探亲之后，这条山冲染上了史无前例的瘟疫，偌大的汪氏族群毁了。他们回到汪家园时，瘟疫已经过去，但是尸横遍野，惨不忍睹。繁盛的汪氏族群被毁灭了，坚固的汪家桥仍然屹立着。

斯人已逝，生者如斯。他夫妻二人擦干眼泪，抡起臂膀，一切从头开始，没日没夜地劳作起来。渐渐地，山冲里恢复了生机：冒起了炊烟，传来了鸡鸣犬吠声，听到了孩童的哭叫声和嬉闹声。

经过一二百年的繁衍生息，汪氏族人的居住地变成了沈姓族人的兴盛地。至明中后期，这里出了远近闻名、声震倭寇的大将军沈炼。

这个故事传说，有没有历史的可能呢？据笔者掌握的一些资料看，还真的有可能。

若坑村陈修福的父亲，活到现在应该100多岁了，在世时对我的一位堂哥（他们是亲戚）说："你姓汪？你知道这里有座汪家桥吗？"他告诉我的堂哥，他小时候听老人讲，这条山冲原先居住着汪姓人家，而且规模很大，人口众多，清溪河上的汪家桥是汪家人建造的，而且是在元朝。

查阅《环溪沈氏宗谱》，虽没有相关传说之记录，却明确载有史实："宋末，仲恭公由徽婺而始迁环溪。"

翻阅元朝历史，当然找不到这些地方琐事的明确记载，但元朝时期，汪姓族人战功显赫。陇右地区的汪世显父子，为元朝统一全国立下了赫赫战功，在保卫西南、西北边境的战争中屡建功勋，足迹所至，遍及陕西、甘肃、青海、四川、云南等地。数十年金戈铁马，使他们得以凭借战功而位居高官，开创汪氏家族飞黄腾达的新时代。从汪世显到其曾孙五代，贯穿元朝始终，“为官者一百八十余人，其中王者三，公者十”，即著名的“三王十国公”。因此，这里的汪氏在元代繁荣兴盛，是顺理成章的。当然，目前还不能肯定说，这里的汪氏与汪世显一定有直接的关系。

从历史的角度看，一个族群的衰亡，另一个族群的兴起，起码要一二百年的时间。而且，在与若坑邻近的沙南冲附近，笔者发现，仍有清朝雍正年间的汪氏族人古墓碑，清晰可读的就有“汪富堂”（墓主）等字样，小山坳的地名就叫“汪家坳”。

悠悠岁月，“汪家桥”见证着汪氏、沈氏族群的兴衰，流水无声，只有传说、家谱、墓碑、地名让今人无限遐想。

2021-06-15

从孔镇铺到三里店

孔村叶氏

三里镇漳河边的孔村行政村，是一个古老的、远近闻名的村庄，这里有一个庞大的久负盛名的叶氏家族。

村前山环水抱，村中有七省通衢的驿道横贯其中，古往今来，多少英雄侠士、骚人墨客途经村旁，莫不翘首而望，赞美村庄之大、村居之美。

村后漳河之水滚滚注入大江。河上架有五拱石桥——孔村桥。桥头建有停船的码头，山区的货物可以通过船运往南陵、芜湖等地。1925年前后，这里还有人用船运稻子到南陵。距孔村桥不到300米，还有一座三拱石桥。这两座桥均在清咸丰年间毁于战火。两桥的桥墩遗址，1949年时仍存有桥头堡，倒塌的条石仍浸没于河中。

四房老屋

孔村叶姓最繁盛的时期是整个明朝和清朝初年，有八百余户，人丁三千多口。大规模村舍均在这一阶段建造，如四房九十九间大楼房，六房大厅加周围住房共有二百余间，玺公公屋也在百间以上，茧厂大屋（烤茧用）也不下百间。庞大的叶氏宗祠屹立村中。村南建有宗族学校，占地约二亩，房舍二十余间，专请名师教读。

后来，叶氏族人相继出资兴建南陵县城夫子庙的后进“明伦堂”大厅，兴建春谷书院考场百间以上，前者是今城关第四小学一小部分校址，后者是今春谷中学部分校址。叶姓先人的高风亮节，使邑人感佩，令后人赞叹。

村庄周边有良田千亩以上，挖了十塘，筑有九墩，并建有一坝两堰，专供灌溉之用，使得千百亩良田无干旱、无水涝之虑。这个水系由明代叶仁初兴建，清代叶氏重修永顺堰、永庆堰，一直沿用至今。笔者赞曰：

六百风霜永顺堰，叶氏接力修与建。
美名流扬逊都江，分洪润禾同奉献。

“三里店”得名的由来

连接池州、宣州的古驿道，七省通衢，驿道在村旁的孔村岭设有孔镇铺，铺内有铺司一人、铺兵三人，自明朝至清朝一直如此。路过的达官、平民都可在此短暂休息或住宿。

太平天国运动时期，清政府为守卫徽屯及徽屯门户泾县，在孔镇铺后山与肖冲一带，垒起营盘十三座，外挖壕沟，内筑高墙，还建有烽火高墩，扼守此间。原孔村初中的校园，便是兴建在当年的主营盘遗址上。孔镇铺被拆得一户不留，并在孔村拆来大批房舍造营盘。当时人们流离失所，饱尝战乱之苦。战后，孔村八百余户剩不足百户，三千人口生还者仅百余人。

战火摧毁了孔镇铺，摧毁了孔村叶氏家族。由驿道通往村上的两座石桥也被摧毁，交通中断。战后的孔镇铺荒草萋萋，白骨满山岗，杳无人烟，孔村村中遍地荆棘蒿草，断壁残垣，凄凉景象惨不忍睹。

在废墟中重建家园是一项极其艰难繁巨的任务，加上叶姓人不愿出让土地的使用权，在村中建集市就不可行，只得择地而建。

村前古驿道的两旁是一片低矮的小山丘，此前百十年间，一直是附近村民的墓茔地，自东向西，分别形成了河西王姓、潘家冲潘姓、孔村叶姓的坟地。这里野草茂盛，因而在相关史书上仍能见到“三里甸”这样的地名记载。

最先，驿道旁有一座龙王庙，前后三进，位于潘姓的地盘上。为了满足祭祀和敬香的需要，人们在驿道两旁渐渐卖起了草纸、鞭炮等。为了方便驿道上行人的休息与解渴，有人慢慢经营起了茶水、小吃，进而逐步建起了一家家小店。

店面的建设，原先是三姓的居多，后来其他的姓氏也在驿道边改建房屋，开起了像模像样的商铺。至清末民初，这里逐步发展成了商品集散地，物品琳琅满目的，商贾云集，经济繁荣。此地也因店面绵延三华里而得“三里店”之地名，一直沿用至今。

也有另一种说法：形成的商品集散地分别距孔村叶家、河西王家、潘家冲潘家三姓的居住地约三华里而得名“三里店”。

以上是三里店形成时间之说，是根据当代上年纪的孔村叶姓老人的回忆而整理的，并且是清末民初时期。

二十世纪九十年代新修版《南陵县志》记载：

三里镇在县南，距县城二十公里，镇驻地三里店。明代始建三里店，是本县古镇之一。清初，街市初具规模，贸易兴盛。咸丰年间毁于兵火。民国期间，少数富户建有砖木结构的瓦房，多数居民栖身草屋。

最近，根据魏青平老师的指正，以及魏老师提供的清嘉庆戊辰年重修版《南陵县志》，笔者发现该县志已明确载有“三里店镇”“鹅岭镇”“工山坊镇”“黄墓渡镇”等地名。查阅嘉庆版《宁国府志》，卷十二有“三里店镇，在县南四十里，南达青阳”之记载。另外，清嘉庆年间南陵县诗人刘开兆著有《宿三里店永丰寺遇雨》的诗篇：

返照入深山，行行见村坞。
微云竹村流，清磬出梵宇。
一犬吠柴关，残僧揖廊庑。
旃檀逆风闻，心清烟一缕。
澹然涤尘襟，趺坐息腰股。
宿鸟忽惊喧，涓涓檐溜吐。
想见牡丹花，零落山头上。
石磴愁攀援，不用红藤拄。
明日秃尾驴，寻山随牧竖。

三者相互印证，说明三里店至少形成于清中期以前。

不过，笔者还发现，三里店似乎形成于更早的时间。

南宋四大家之一杨万里，江西吉水人。其流传于世的《诚斋集》卷三十四中，有一首《宿三里店，溪声聒睡终夕》，其中写道：

破驿荒村山路边，斜风细雨客灯前。
子规一夜啼到晓，更待溪声始不眠。

此诗在《全宋诗》中也有收录。

《诚斋集》卷三十三中还有两首诗。一首是《四更发青阳县五里柯家店》：

轿中万兀路千萦，死尽村鸡无一鸣。
落月正明知未晓，暗泉甚远只闻声。
自缘客子行来早，岂是秋天不肯明。
午热未来先下店，却将尽睡补宵征。

另一首是《中秋无月色宿青弋江行新寒》：

新寒催我索衣裘，凉雨凄云总是愁。
耐冷素娥今老去，夜来桂殿罢中秋。

《诚斋集》卷三十三、三十四中收录的诗，相当一部分描写的是宣城、芜湖、马鞍山、池州、溧阳等地，尤其是上述几首诗的前后。三首诗中的地名“青阳县”“三里店”“青弋江”现今两两相距约四十公里，都位于池州与宣州的古驿道上。江南是南宋经济文化发展的重要地区。只是当时“三里店”规模不大，诗中称为“村”。到了清代中期时，已经繁荣，故称为“镇”。这样一来，三里店的历史就可追溯到南宋时期，至今约有九百年的历史了。

果真如此的话，《宿三里店，溪声聒睡终夕》《中秋无月色宿青弋江晓行新寒》二首就是最新发现的古代名人咏南陵的诗歌了。杨万里诗中的“三里店”，就是指如今南陵县的“三里店”，但这是笔者根据现有资料推论的，有待进一步考证。

这样一来，“三里店”地名的由来，时间上就有了上述四种可能。除去1994年版《南陵县志》上没有注明出处外，较为准确的应该是清中期以前了。从地理位置上看，三里店与孔村是两个离得很近的地方，相当长的时间内是相互共存的，并有着同样的繁荣与兴衰。

如今的“三里店”，为三里镇政府所在地。这里交通便捷：318国道东连上海，西达西藏；京福高铁北接首都，南通福建、广东。这里的经济更繁荣：三里镇名列安徽省重点中心镇。这里的生活更美好：三里镇系安徽省环境优美镇，系全国文明镇。如今的三里镇，已成为318国道与京福高铁交汇点上一颗璀璨的明珠。真可谓：

青山绿水三里店，舜日尧天四季春。

过去的三里店

如今的三里镇街道

尊孔尚儒

全国地名叫孔村、孔镇或孔城的地方不少，如安徽桐城市的孔城镇、山东乐陵市的孔镇等，大凡相传与孔子游历讲学有关。笔者的家乡三里镇孔村也不例外。

三里地区历来崇文好武、尊孔尚儒。相传孔子当年周游列国时，曾经在这里生活过一段时间，主要是设坛讲学，深得老百姓的拥护与爱戴。在他离开后，为了纪念他，人们把他住过的地方叫“孔村”；吕山上的石室是孔子教书的地方，山下的书堂故址叫“书院”；近旁孔子经常停车的山坡叫“车山”；孔子经常路过的山岭叫“夫子岭”（后来也叫“父子岭”）；孔子离开三里西游时，人们依依不舍地登高目送孔子西去的独立山峰叫“望尼山”。两千多年来，这一古老的传说一直在坊间流传，这些地名也口口相传。

夫子岭（右边的山）

望尼山

孔子与三里的渊源，不仅仅来源于民间的口口相传，县、府官志上还常常有记录。明洪武《宣城志》、清康熙府志都有记载。清顺治十三年《南陵县志》秦凤仪在序中说：“太白一留饮，而仙坊斯著；宣圣一息游，而吕山以传。”

查阅孔村《叶氏宗谱》及《徽州蓝田叶氏统宗谱》，得知叶氏得姓的由来。始祖沈诸梁，助楚惠王复位有功，楚平王五年被封为叶邑尹，号叶公。叶公与孔子同一时代。叶公尝问政于孔子，孔子告诉叶公，为政要“近者悦，远者来”，且被收录于《论语》中。因此，叶姓与孔子大有渊源。

《徽州蓝田叶氏统宗谱》书影

孔村叶氏始迁祖和四公，官至员外郎。徽州山多田少，为了更好地生存与发展，在公元1127年左右，和四公由歙县蓝田经宣城，首迁南陵三里西峰罗冲。在得知附近还有一个与孔子有关的孔村后，和四公便将次子璁迁来孔村安家落户。经数百年繁衍生息，至明清时已发展为望族。

夫子庙

尊孔尚儒乃叶氏祖传家风。清代中期，壮公、大雯公、时勉公三代修复南陵县城夫子庙后进“明伦堂”；道光末年，堂濒倾圮，廷楼公、廷楫公率族全力修复；太平天国运动时期，堂毁，仅存础石，成章公再度修复如初；丁丑，有寇入犯，县城三次沦陷而夫子庙岿然屹立，成章公功不可没。

叶氏数代接续修夫子庙，族人出资兴建春谷书院考场百间以上，凡此种种，均是叶氏重视儒学的表现。近千年来，孔村没有改名叫叶村，大约也是叶氏亲近儒学的具体表现。

2021-02-15

三里店附近营盘山小考

营盘山，一般指古代军队安营扎寨的地方。从历史遗留痕迹看，通常设在离水源较近、地势突出的小山丘上，一是可以居高临下便于指挥作战和防御，二是方便就地搭设床铺等生活设施，三是不易受到雨水和潮气的侵害，四是方便于生活用水。

经笔者考证，就三里店附近而言，自古流传下来的营盘山遗址不下三处。

土城营盘山

从历史年代来看，土城营盘山是三里地区最古老的营盘山。它建立在三四千年前商周古人类活动遗址——土城遗址之上，是唐末黄巢起义军的军营大帐。《资治通鉴》载：乾符五年（公元878年），黄巢入宣州。宣歙观察使王凝拒之，败于南陵。巢攻宣州不克……

商周土城遗址

土城营盘山坐落于今西岭土城自然村和山头自然村内，并一直延伸到西岭林场与水闸林场交界的山岗上。此地位于三里店西面连绵不断的群山之中。“青狮白象把关口，大王背靠老虎山”，这是对当年营盘山前沿地势的描述，如今的地形地貌依然可见“青狮”“白象”“老虎”的身影。从南邻水闸河的土城遗址开始，逐级上升到白象山遗址、花园遗址、塘拐遗址，直至西岭林场的营盘山遗址。它北靠戴公山，面向三里店，东面是条小山冲，山冲里有水塘数口，在一口名叫中塘的水塘上方与山脚连接处，有一块紧挨着营盘的、处于几个不同高度的开阔平坦空地，传说是当年起义军生活和操练的地方。二十世纪六七十年代，人们在这里兴修水利和开荒种地时，曾挖出大量古代陶器碎片。如今，在人称花园的营盘遗址上，还有从商、周到唐、宋、明、清等不同时期的陶瓷残片。

土城营盘山

肖冲营盘山

从传播范围来看，肖冲营盘山是一处流传较为广泛的营盘山。它分布在孔村行政村肖冲自然村的周边，共有营盘遗址七座。据民国版

《南陵县志》记载：肖冲营盘山修建于太平天国运动时期，是地方团练的驻地。咸丰三年（公元1853年）春，太平军破安庆、夺和州，清朝廷得知铜陵、南陵、芜湖也相继失守，大为着急，于是号令各地行坚壁清野之法，并劝各地绅士捐饷募勇，自行训练，以资保卫。如今，原三里初中的校园，便是当年的主营盘所在地。

据考证，此地系泾县团练所驻。此地有两条要道可达附近的泾县县城：向东，由孔镇铺经草鞋店而至田坊、孤峰，再至泾县；向南，由枫树岗、吕山冲可抵汀潭、云岭，再到泾县。泾县官员派团练扼守于此，有其防守意义。那时，曾国藩的湘军大营正安扎于祁门，这也是为了保护祁门大营之安全和徽屯门户之安全。

当年的肖冲主营盘山(学生左后方)

当年的肖冲主营盘(凸出的高地)

金山营盘山

金山营盘山坐落于西峰村金山自然村的金山上，跟肖冲营盘山同属于太平天国运动时期，只是分列于澄清河的两边，是曾国荃所建的湘军大营。营盘遗址约十处，有的已被彻底挖平。此地向南三公里到肖冲营盘山，向西南三公里就是西岭营盘山。

金山营盘山的前沿营址突出，视野开阔，正面临澄清河，右边隔数条小山冲与西岭营盘山相望，后面是连绵不断的小山，一直延伸到峨岭的凤凰、戴汇的童村街，再与戴公山相接，可谓依山傍水，易守难攻。据《曾国藩传》记载，1863年3月18日，曾国藩从安庆出发，前后花了一个月时间，亲自检查了曾国荃的大营和滁县、和州、无为等地湘军的营地壕沟，认为各营盘坚固、各部队协调，故放心离去。

金山营盘山

然而，一些人认为，肖冲营盘山和金山营盘山是太平军驻扎的营地，是太平军活动的场所。但是，从《洪秀全传》等史书上的记载中，我们找到否定的理由：

第一，洪秀全从武汉到九江再到安庆最后打到南京，部队确实经过此地。不过，当时太平军的战略以攻夺城池为主，由安庆沿长江一路风驰电掣、锐不可当直至芜湖，无须在这偏僻乡村修建如此规模的营垒，即使安营也只是短时间停留，不可能花费如此大的人力和物力修建如此大规模的营垒。

第二，石达开西征时可能驻扎过这里，但是西征是偷着跑的，一夜之间要赶很多路，根本无心在这离南京很近的地方长久驻扎，也就不可能修建大营。

因此，此二处营盘山应属于清军营地。

那么，三里店这个地方，为什么会在不同的历史时期修建如此大规模的营盘呢？可能有以下几个原因：

第一，小小三里店，虽说名不见经传，可悠悠岁月早已划过三四千年。澄清河两岸各自绵延数十平方公里的商周土墩墓群、西岭村商周土城遗址、吕山村六朝汉墓群，足以证明三里店曾经有过的繁华与辉煌。

第二，池宣之间的交通驿道、池（芜）宁之间的陆路交通驿道，都得经过三里店这个地方，特别是明末清初以后，三里店商贸经济的兴盛，更加突显出三里店地理位置的重要性。因此三里店成为兵家必争之地。

第三，无论是太平军沿江东下攻打南京，还是石达开溯江而上去西征，处于沿江陆路交通要道的三里店，都是清军防守太平军向江南纵深进攻的最佳选择。

当然，肖冲营盘山和金山营盘山，是否处在同一历史时期，是否都是清政府正规军的营地，以及土城这个地方在清末时，是否再次成为军事营地，都还要继续考证。

2010-09-13

三里有个湖南街

三里镇内，沿着漳河两岸约五公里范围内，聚居着大量外地迁徙而来的移民后裔。他们说湖南方言，操习湖南风俗，其中大多数人只知道自己是祖籍湖南，极少数人与原籍族人有联系。特别是在澄桥村的318国道与漳河交会的地方，有一处名叫“湖南街”的移民后裔的村落，这个已经沿用了100多年的地名，足以证明这里的先民来自遥远的湖南。

湖南街（现在或称“南街”）

湖南与南陵远隔千山万水，当年，他们的祖先是为什么迁徙到这里来的呢？正史中很难搜索到直接记载，只能从一些记录家族历史的文字资料，如《宗谱》《家谱》《家乘》中，寻找蛛丝马迹。

我的妻子是这里的移民后裔，她的娘家新近编纂了一部族谱：《长沙蛇嘴子范氏族谱》（以下简称《范氏族谱》），我有幸得以仔细研读。原来，这里的移民有一支范氏族人，他们来自湖南省长沙市望城县，一个叫“蛇嘴子”的地方，人称“长沙蛇嘴子范氏”，据说他们的祖先就是北宋时期杰出的政治家、军事家、文学家范仲淹。长沙蛇嘴子范氏的始迁祖范德虎，是范仲淹第二十四世孙。

《范氏族谱》明确记载，晚清时期，为了抗击当时太平军，曾国藩在湖南长沙组建了湘军。范氏先人中主要是“华、国、嗣、芳”几个字派的族人踊跃参加湘军，并且是参加了彭玉麟的水师。太平军经广西攻湖南，然后沿长江而下，占领南京。所以，湘军便从湖南出发，顺流收复失地，特别是在江西、安徽两省进行了多次拉锯战。《清史稿》中有相关记载。

湘军击败太平军后，曾国藩向朝廷奏请，主动裁撤他自己组建的湘军两万五千余人。于是，参加了湘军的范氏族人散落到安徽、江苏等地。

《范氏族谱》这样记载：

国为，殁咸丰八年（1858年），从彭以胜兵，剿安徽山河镇阵亡；嗣恢，同治元年（1862年），一等侯爵、两江总督曾保奏翎蓝千戎府……

当中，“国为”“嗣恢”均为范氏族人之名；“彭以胜”应为“彭友胜”；“山河镇”即今三河镇；“曾”即曾国藩。

经粗略统计，《范氏族谱》中记载的参加了湘军并由此而迁徙的范氏族人有34人，其中22人直接到了安徽的南陵县，包括适配夫人和子女。

关于这一点，居住在本县工山镇戴家汇村、现仍健在的范氏族人范长德的口述可以佐证：

我祖父范子福是一熊姓将军的部下，熊姓与清朝官员李总领是结拜兄弟。有一次，李总领带领洋枪队，在戴家汇的石板岭下枪杀了很多“长毛”，并掩埋于此。后来，熊姓告老回了戴家汇九冲，死后就葬在九冲，其实，熊姓也是湖南长沙人。

当中，“长毛”系清政府对太平军战士的诬蔑称呼。

笔者在《三里店附近营盘山小考》一文中，曾对三里店附近的肖冲和金山两座规模都很大的营盘山，与太平军、湘军的关系探讨过，无论是史书记载还是民间传说，都与那段历史密不可分。湖南街依傍的318国道线，就是古时候宣州与池州之间的驿道。因而，湘军解散后，大量的湘军官兵，包括参加了湘军的范氏族人，滞留于此。湘军中落户于南陵三里的人口较多，完全有可能。

湖南街的湖南人中，范姓还不是大姓。迁徙来皖的湘人中，人数最多的姓氏是彭姓，当时彭姓先人彭玉麟官职更高，影响更大，随之迁徙的人口就更多。

综上所述，安徽南陵湖南街的形成，与湘军的发展有密不可分的关系。湘人入皖的主要原因是湘军在征战的过程中，亲属随军迁徙而来。在战后解散的过程中，一部分湘军将士，或因路途遥远，或因兵荒马乱，或因穷困潦倒，无法返回原籍，就地安顿，于是就有了安徽的湖南街、安徽的湖南人。

2012-12-16

孔子遗风三里可寻

三里镇位于南陵县南端。明末清初时期，商贸繁华、商贾云集、店铺相连，辐射三县十乡，广袤三里，故称“三里店”。这里，历史悠久，人文荟萃，勤奋苦读、认真求学之风一直盛行，崇文尚儒之风一直流淌。这一切，传说与孔子密切相关。

在吕山西北面半山腰上有个石室，洞内空间很大，相传孔子当年周游列国时，曾经到过这里。山下有孔子设坛讲学的书堂（院），孔子停车的山叫“车山”，孔子经常路过的岭叫“夫子岭”，孔子生活过的村叫“孔村”，等等。

更特别的是，吕山向西约两公里处，有一座相对独立且突出的山峰，名叫“望尼山”。相传，孔子离开吕山赴楚时，当地的百姓依依不舍，送了一程又一程，最后登上此峰之顶，目送孔子西去。

关于孔子与吕山的渊源，民国版《南陵县志》是这样记载的：石室，在吕山上，俗传下有孔子书院故址。清顺治十三年《南陵县志》，亦有记载。

吕山北面，偌大的孔村自然村，居民以叶姓为主，自其始迁祖至今，已有700多年的历史。村中无人姓孔却取名孔村（或孔镇），并一直沿用至今。即使不是孔子在此居住过，也是为了尊崇孔子遗风而纪念之。

吕山西南面的土塘自然村，其东西边各有一石灰石溶洞，东边是旱洞，西边是水洞，两洞相距约一华里。时有村民说，旱洞内很多年前就有文字。县文物部门有关同志已前往调查，拍摄大量照片。2020

年5月14日，我陪着魏青平老师，再次前往进行实地考察。

旱洞位于土塘村前小山山腰下，环境幽僻，洞口隐蔽，从远处看很难发现这里还有洞窟。走近细观，洞体呈东西走向，前后相通，长约50米。西边的洞口较小，位置较低，洞前林木葱茏，藤蔓垂挂，近处翠竹亭亭。东边的洞口稍大、稍高，洞口青草茂盛，翠绿欲滴。立面石壁凹凸有致。

从西边洞口进入，须俯下身，弯腰躬行，约20米后，进入一大厅，面积约30平方米，顶部有开口，可见天空，有光线射入。厅内空间算不上很大，地面也不够平整，有大块岩石突起，但仍可容纳多人活动。四周岩壁，怪石嶙峋，形状峥嵘。洞中有岔洞，几只蝙蝠贴在岔洞上方。

文字在大厅上部，约30个繁体字，竖排行文，字迹暗红色。经魏老师辨认，首4个字为“担囊负笈”，后面的字迹有些模糊，仍能断续判读出“读书”“黄昏”“月”等字样。初步推测，时间应该在清代后期。

东边洞口大厅及其文字

“担囊负笈”，可解释为挑着行囊（内有粮食、衣服等生活用品），背着书箱，远道慕名而来求学。

魏老师告诉我，“负笈”是古汉语常用词语。古人负笈游学一般有两个原因：一是因为家贫，要立志求学成才，所以背起书箱，远走他乡求学；二是因为要磨砺自己的品德性情，是一种体验劳苦、求获知识的态度。曹操《苦寒行》一诗有“担囊行取薪”的句子。不具有一定古文功底的人是写不出“担囊负笈”这般文辞的。这说明书写者的身份是求学者，也说明洞中有学者在聚徒讲学。

“读书”“黄昏”“月”等文字，显然与苦读、求学有关。

又一处，有横排行文，自左至右为“横”“口”“人”三个字。这有可能指进入洞口的方式。

又一处，零散可见“夏”“乾”等字。

又一处，一个清晰的“襟”字，非书法功底的人不能为。

土塘村居民以徐姓为主，经查阅其家谱，是北宋名臣、龙图阁直学士徐勣后人。经访问村中老人徐逢根（88岁）得知，在他很小的时候，就听老人说，先前，村中徐姓族人在洞中办学，既育本族子弟，又收远道门徒。徐氏族人石室办学的行为，佐证了我们对字迹的解读，此石室果为书院。

2020-06-03

漳河之源新探

南陵人的母亲河——漳河，由烟墩水龙洞的泉水形成的漳水、吕山之麓的泉水形成的淮水、绿岭河在三里镇汇合而成。其中，淮水的源头是涌珠泉。最近一段时期，我们在考察三里镇土塘村的两个山洞时，意外发现其中的一个古洞有可能就是淮水的源头。经过前后八次的实地考察和多方求证，及十多位地方文化研究者的热情参与，我们确认此洞正是淮水的直接源头。

土塘村，位于吕山脚下，村庄依山面水，村后是一座山，叫坐山，村前即是一面明镜似的池塘，原名玉塘，今曰土塘，村落即由此得名。土塘村右前方一峰鼎峙，即为独山。居民以徐姓为主，约在元末自泾川迁居于此，繁衍生息已六七百年。这里山清水秀、人文荟萃，号称有“八景”。

土塘、水洞、洞内石瀑

村庄的东西两边，各有一个石灰岩溶洞。东边的洞因无泉水，人们称之为干洞。西边的洞常年流水潺潺，称之为水洞，即玉塘徐氏“八景”中的“古洞流清”。

干洞在一处不高的山岗下，四围树木葱茏，极为隐蔽。此山洞从清代起，成为徐氏族人办学场所，即书院。洞内大厅石壁上留有残存的文字，说明古代求学者来此学习的情形。

水洞位于土塘村以西、独山以东，一个叫上窑的村落旁边。背靠无名小山，洞前大树参天、翠竹林立。洞口上方几十米处，一块长方体的石灰岩巨石，矗立在无名小山腰上，高出地面五六米，虽处于绿树翠竹环抱之中，却仿佛天外飞来一般。

洞口方向朝东，前面有一水潭，潭水碧绿澄清，应该有泉眼，故汩汩涌出。据附近村民讲，此潭水终年满盈，大旱之年也不干涸。

水洞最为特别的地方在于：别的水洞都是由里往外流出泉水，这个水洞的水却是从外向内流淌的。很难发现这水究竟流向了哪里。

水洞冬暖夏凉。冬天时，洞口常常淡雾蒙蒙，热气升腾；若是到了夏天，来到洞口水潭边，便已体会到丝丝清凉，接近洞口处，就能感受到阵阵凉风由洞内飘出，于是热汗渐收，暑意顿消。

2020年5月24日，在当地向导的陪同下，魏青平老师带领我们（笔者和徐家友、潘平、方树武），一行五人，对水洞进行了第一次探访。

我们试探性地进入洞口。水流猛然出现1米多的垂直落差，形成一个小小的水潭，而后沿着宽不到1米、高低2至3米的地下河流向前方。地下河的两侧，全都是倾斜的、奇形怪状的巨大石壁，上面坑坑洼洼，凹凸不平，颜色变化多端。许多稀奇古怪的钟乳石扑面而来，有的像乳头，有的像牙齿。洞壁上含碳酸钙的水，不是垂直落下，而是沿着石壁流淌下来，因而很难看到有垂直的石笋和石柱，更多的是形态各异的石盾、石瀑等。洞顶以及洞壁上，小水珠滴滴答答滴个不停，若是滴入水中，则发出悦耳的叮咚声。再往前，洞中温度渐低，湿度更大，穿着短袖已感到寒冷。出于安全考虑，我们没有进一步深入，就返回洞外。

附近劳作的村民告诉我们，早些年，在丰水季节，人们下到洞中，还能捕捉到鲫鱼、鲶鱼，曾经有人在洞中发现过国家二级保护动物娃娃鱼。当地老人口口相传：水洞的水是流到西北面的山泉村安吉水库去了，鱼儿便是来自安吉水库。再往下，安吉水库的水与来自紫峰桥下的小溪流汇合，就形成淮水源头。由此可以推断，土塘水洞应该为淮水源头。

为了确定土塘水洞与淮水源头的关系，我们专门考察水洞水的流向。

2020年5月24日下午，我一人骑着摩托车，沿淮水逆流而上。经夫子岭、车山村直达安吉水库。此时正是枯水期，水库水位较低，正常水位线下露出的两边山体上，怪石林立，犬牙交错，是明显的喀斯特地貌。水库后面的来水方向，正好指向土塘水洞的方向。朝着来水方向而上，经紫峰桥沿独山南面，绕到泾县北贡的庄都、徐村自然村，再往东就进到土塘水洞。

我还发现，安吉水库的水与紫峰桥下的小溪流，在油坊与安吉自然村中间位置汇合；流经车山西北麓后，在夫子岭前与涌珠泉泉水汇合。此时的淮水已初具规模了。

5月28日上午，魏青平老师和张大根、金远亮、戴子均、朱小宝以及我，开着两部车，再次深入安吉水库，以及前述的两个汇合处，再次探访查证。独山东至水洞路段正在修筑水泥路，我们只好折返山泉村，再前往水洞进行实地考察。

我们着手在古籍中寻找线索。民国本《南陵县志》“舆地志”之“淮水”条目下云：

淮水，源出自县南吕山麓涌珠泉。按通志，涌珠泉与漳水合流，其下流有小淮水之称。

这明确说明淮水之源非涌珠泉莫属。

随后，我们在成谱于清光绪二十八年（公元1902年）的《玉塘徐氏宗谱》中，获得重大发现。

徐氏“八景”记中这样写到：

其下里许，石洞虚明，中有渊泉，碧泻穿壑而合漳流。故曰古洞流清。

这里的“其”，就是指当地的独山。这就明确指出，此石洞中的泉水是流入漳河之中的。

徐氏“八景”律诗中，有两景写到了淮水源头。

其一是《古洞流清》：

鸿蒙凿破碧嵯峨，古洞清泉湿薜萝。
滴滴细声流乳窟，泠泠寒色出云窝。
源深拟接华阳水，派注时添淮涧波。
烟锁石扉幽静处，闲游一和郢人歌。

这首诗所描述的山洞、清泉、乳窟、石扉等，结合“八景”记所说，分明是指此水洞。“源深拟接华阳水”是说古洞的水是和神仙洞府华阳洞流出来的水相通，所以才这般神奇，终年不涸。“派注时添淮涧波”是说此清泉在山涧中不断为淮水注入清波，即和涌珠泉形成的淮水会合。

其二是《龙口淮源》：

流泉珠漱涌深潭，一脉泓澄泻碧湍。
冰窟有灵神物产，玉壶无浪卧龙蟠。
涟漪浚出淮源远，觱沸清分泌水寒。
化作商霖敷润泽，余波还拟溥江干。

此处的“淮源”，显然是指人们所熟知的涌珠泉。

不难看出，当地人早就把土塘水洞认定为淮水之源头。

再从源头的流径上看，通过我们两次的实地目测，水洞的水经安吉水库到夫子岭约三公里，而涌珠泉到夫子岭也不过一公里，水洞源头更长。

从流域水系上看，土塘村到上窑的机耕路，便是孤峰河水系与漳河水系的分水岭。水洞所在的无名小山，地处分水岭上漳河水系一侧，因而水洞的水流入淮水，就合理了。

综上所述，我们认为，土塘水洞应为淮水的源头，最起码是淮水源头之一。淮水是漳河的源头之一，因此，土塘水洞是南陵县的“母亲河”——漳河的源头之一，这是无疑了。

（注：本文系作者与魏青平老师合写。）

2020-08-10

明代“援朝抗倭”名将沈炼

历史上，朝廷曾经多次帮助朝鲜抵御外来武装入侵。在我的家乡三里镇，就出过一位明代“援朝抗倭”名将——史称“龙虎将军”的沈炼。

沈炼，原名沈宗炼，字南麓，环溪若坑人。环溪若坑就是如今的三里镇吕山村若坑自然村。嘉靖三十年（公元1552年），他出生于一户沈姓农家。他自幼聪慧，勤读诗书。

当时的明朝，外有倭寇侵扰之患，内有盗匪祸民之乱。沈炼四岁时，一股倭寇由浙江东部窜入南陵，在县东烧杀抢掠十余天。不久，戚继光率军抗击倭寇，曾在南陵将一股残寇追歼殆尽。南陵人欢欣鼓舞，特建戚继光平倭建功碑，立于原党校巷南，可惜已佚。

战乱的环境使沈炼从小就立下报国安邦、锄暴安民的志向。他年岁稍长，就在耕读之余拜师习武。尤为难得的是，他不仅舞枪弄棒，练就一身好武艺，还嗜爱兵书，钻研韬略。

万历十六年（公元1588年），已是三十六岁的沈炼不甘蜗居山村，决心投身报国，遂离家远赴省城报考，中了武举人，受任于宁国府宣州卫镇抚。他勤于职守，屡有显绩，数年晋升为宣武将军，转升北直天津游击，跻身参与军事要务的中级军官。

万历二十年（公元1592年），当时的日本悍然发动侵略战争，迅速占领平壤，朝鲜国王李蚣逃往新义州，遣使向朝廷求救，要求出兵援助。大明朝廷认为：“倭寇之图朝鲜，意实在中国，而我兵之救朝鲜实所以保中国。”故决定“援朝抗倭”。当年七月，神宗皇帝李翊钧降旨，首派总兵祖承训率兵往援，但在攻打平壤时失利；复派兵部侍郎宋应昌为经略、沈炼为经理、李如松为大将，率十万大军横渡鸭绿江，昼夜星驰，直抵平壤，与朝鲜名将李舜臣水陆并进，向倭寇展开迅猛攻击。

战斗中，沈炼身先士卒，勇猛异常，指挥得当，一举收复平壤，并乘胜追击，终将倭寇逐出朝鲜。时值万历壬辰年，史称“朝鲜壬辰卫国战争”。

战争结束后，朝鲜人民香花礼送，明军班师凯旋。朝鲜国王李蚣感念沈炼将军神勇功著，亲书《赠沈督炼凯旋》，诗云：

出使楼船截海行，水犀十万下神京。
扫凶只借将军力，存国还知圣主情。
风卷鲸波秋欲静，星开虎帐宿偏明。
釜山不减燕然石，从此天家更勒名。

沈炼回朝后，被封为龙虎将军都督佥事，仍命镇守天津。在任期间，他勤于兵事，安民御外，功勋卓著，先后受到朝廷十八次嘉奖。明万历四十八年（公元1620年），沈炼病逝于任上，享年六十七岁。天启初年（公元1621年），归葬于家乡若坑村后莲花山。沈炼之墓现存墓碑，已被有关部门收藏。

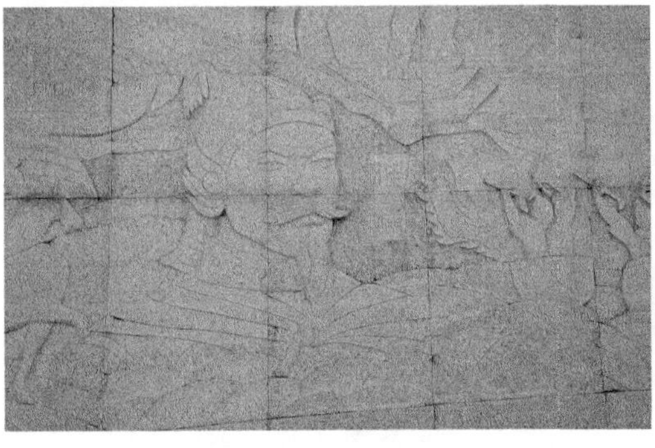

南陵广场雕塑之沈炼画像

沈炼墓碑

韩国南端泗川的一个小“山丘”，当初是李氏王朝的军队与大明王朝的援军并肩抗击倭寇的主战场之一，后来安葬了3.6万多名“朝明”战死将士而成为“朝明军冢”，如今为当地“历史教育基地”，告诉人们：中国和友邻，友谊长青。

2009-04-20

沈炼故居地 诗情画意浓

南陵广场的大理石雕像中，排在首位的是明代杰出的“援朝抗倭”名将——沈炼。

沈炼的家乡吕山若坑，地处泾南两县交界，古时叫“环溪若坑”，听起来就是个诗情画意的好地方。实地游览，可见其四面环山，双溪穿绕，山清水秀，人杰物娆。

吕山若坑(古时称环溪若坑)

最近，我在研读《环溪沈氏宗谱》（成书于公元1926年）时，发现多篇清代文人为“环溪若坑”撰写的“八景诗”。其诗文精致儒雅，篇篇清新流畅，无不向我们展示出将军祖居地的诗情画意，以及地域文化的博大精深。我惊喜万分，稍做整理，以飨读者。

第一景：

双溪玉带/徐凤诏

多少花村傍水滨，溪分燕尾两清沦。

伊人宛在中央否，玉带同扬万古尘。

双溪二水，一出泾县北贡陈塘冲，称孤峰河，一出东山百岭冲，环村如玉带。至澄清潭合流，下锁以二石桥：一曰马义桥，仍保存至今的明代双拱石桥；一曰环溪桥。其水由泾县复归南陵东，出县河口达青弋江。

第二景：

澄潭秋水/王际康

潭水滢回尽溯游，十分澄潭十分秋。

夜深倒映银河月，惊起鱼龙沂上流。

水深数十丈，秋季澄澈视底。下有二石洞穿入龙山，不知有多深。常有巨鱼出，渔人不能捕，昔传有潜龙。

第三景：

砚屏列秀/黄居寅

图画分明列砚屏，四围松竹影亭亭。

晓来雨洗端溪面，泼上烟云照眼青。

山形如列屏开塞，水口上有一池，冬夏不涸，名为砚山。

第四景：

笔架排空/刘杓

天外三峰秀绝伦，墨云濡染笔峰新。

东风一觉寒山梦，红紫花生满架春。

若坑隔河有笔架山，形列三峰。春夏间千红万紫，嫣然可爱。

第五景：

船峰载月/黄居寅

明月娟娟照远峦，岭头翻作渡头看。
踏歌会得江山趣，孤鹤一声天地寒。

山横如舟，形高万仞。每望夕月升峰顶，犹龙戏明珠之状。宋有僧，号莫莫，结庵于上，后徙泾之金峰，其诽则毁，山脊分南泾界。

第六景：

石峰参天/刘杓

峭壁巉岩势最雄，峥嵘怪石逼长空。
拟携谢朓惊人句，搔首青天问可通。

跻绝顶万山皆小，极双目长江大河。秋日云净，游人莫不欲到，下拖二脉，交结莲花形，斩开穴坟山。

第七景：

巫山朝云/徐凤诏

叠嶂崚嶒秀独钟，朝朝云雨两三峰。
出山自有还山意，只恐从龙到九重。

山由百岭特起，迤逦下结众山。清晨，常有祥云出没其间。

第八景（唯此景之诗，原宗谱中缺作者，待考）：

百岭霁雪

一带同云锁竹开，雪中时露夕阳殷。
岗回岭复疑无路，只为梅花到此间。

此岭峻岩深谷，每冬雪霁，俨似玉龙天降。至春三月，阴积犹有存者。

读罢“八景”诗，丹青炳烨浮眼前，音律铿锵萦脑际。若坑山水之美，东山风景之盛，宛若“潇湘八景”再现，让人顿生一睹为快之欲望。

2011-04-09

黄巢起义军与三里店

黄巢，曹州冤句（在今山东荷泽内）人，出身于盐商家庭，善于骑射，能笔墨，屡举进士而不第，曾多次组织盐帮与唐政府斗争。公元875年初，王仙芝、尚让起义，5月，黄巢与同族兄弟、子侄募众数千而响应，接着两军会合，协同作战。公元881年，起义军攻下唐朝都城长安，建立了农民革命政权，公元884年被唐王朝镇压。

笔者考证，黄巢起义军曾经三次屯兵于南陵县三里镇西岭村的土城营盘山，发生在整个起义的中期。

公元878年，起义军进攻汴（今河南开封）、宋（治今河南商丘）二州受阻，转攻卫南（今河南滑县东北）、叶（今河南叶县）、阳翟（今河南禹县）等地，再次遭挫。随后黄巢转向宣州，攻下南陵，这记载于《资治通鉴》卷二五三。这是黄巢起义军第一次驻守三里。

同年十二月，黄巢起义军进入福州，再入广东，于次年九月攻克广州，后克桂州（今桂林）。由于岭南气候湿热，起义军多患瘴疫，士气低落，诸将劝请北还，于是起义军从桂林编竹筏，沿湘江北上，进逼江陵。曾一日而下潭州（今湖南长沙），十万唐军血染湘江，黄巢起义军占据江陵。但是随后被唐军大破荆门，俘斩十之七八，黄巢只得收余兵渡江东走，到饶（治今江西鄱阳）、信（治今江西上饶）、池（今安徽池州）、宣（今安徽宣城）等十五州。在此期间，黄巢起义军第二次安营扎寨于池州、宣州之间的三里店之西岭土城营盘山。

公元880年，杨州敕史高骈派骁将张璘渡江南下，狙击黄巢。黄巢退守饶州，再退守信州。面对张璘的穷追不舍，黄巢心生一计而佯降，又贿张璘大量黄金。高骈上奏唐朝廷，称黄巢军“不日当平，不烦诸道兵，请悉遣归”。宰相卢携于是遣散了诸道唐兵。黄巢抓住机遇，立即与高骈绝交，再次北上，乘胜攻占了睦州（今浙江建德）、婺州，张璘于信州战死。到了六月，黄巢相继攻克睦州、婺州、池州、宣州等地。七月，强渡长江，决意北伐。此间为黄巢起义军第三次安营扎寨于三里店的土成营盘山。

黄巢起义军在三里店驻扎过，民间有传说。

一是土成营盘山的地貌：

青狮白象把关口，大王端坐老虎山。

当中，“青狮”指孔村合河口山；“白象”指西岭山头之山；“大王”指黄巢；“老虎”指土城后面的山。笔者仔细考察，如今土城营盘山的地形地貌依然可见“青狮”“白象”“老虎”的形状。

“象鼻子”(远处凸出的部分，伸向河边)

二是当地有一条歇后语：

黄巢杀人——在劫难逃

传说，在今天轮窑场附近，原先有一个大庙，庙里住着一个名叫杨柳的老和尚。在这附近的土城营盘山上，住着起义军首领黄巢。黄巢与杨柳和尚交往甚密，经常在一起喝酒。

一日，黄巢对老和尚说："我们很快要打到江北去，而且很有可能先拿你开刀，你得躲一躲。"老和尚心想：庙里是不行的了，还是逃吧，逃到哪里去呢，不如先到澄桥的庙里躲一躲。于是来到澄桥庙，到后仔细一想：这庙里和我的大庙一样，藏不了人，怎么办呢，不如躲到河边的那棵大杨柳树的树兜里，那儿最不容易被人发现。

话说黄巢在土城大庙里找不到人，追到澄桥庙还是找不到人，在属下面前表现得很气愤，挥刀向路边的那棵大杨柳树砍去，随着一声惨叫，杨柳和尚的人头滚落在地。歇后语"黄巢杀人——在劫难逃"就此流传开来，一直到现在。

在第三次全国文物普查中，南陵县文物所的专家在西岭土城遗址中，发掘出大量的商周时期的陶片，在附近一个名叫花园的营盘遗址上，发掘出丰富的唐、宋至明、清时代的陶瓷碎片。笔者推断，黄巢起义军极有可能在古代商周遗址上再次垒营屯兵。

2010-11-08

第二编

舐犊情深

全家福(2011-06)

旅游掠影

三代人

姐妹

汪氏宗祠

记忆中的父亲

总想写点关于父亲的文字，可一直没有动笔，因为不知从何时何处写起。随着岁月的流逝，随着年龄的增长，这种欲望愈加强烈。

今天是中秋节，是月圆人团聚的日子，而对于我来说，十三年来的每一个中秋节都是伤感的。十三年前的这一天，父亲在田间放牛，突发脑出血，没有留下半个字，没有留下半句话，十二天后便离我们而去。其时，我最小的弟弟刚参加工作一个月，正当全家生活日渐趋好的时候，父亲却突然地、永远地离我们而去了。

父母养育我们姐弟五人。两个姐姐分别于二十世纪七十年代嫁人生子。她们没有跨入学堂门一天，斗大的字不识一个，连自己的名字都不会写，这是父母后来的心病。我与两个弟弟，至少读完了高中，我和小弟都跃出了“农门”，有了不错的工作。父亲在世时最大的安慰，便是我们读了书，有了自己的前程。

记忆中的父亲，与人相处从不争高斗低。老屋原先在离村子很远的汪家坳，后来搬出。选屋基场时，父亲只要了一块坡地，硬是带着母亲和姐姐，一锄一筐地挖平才建新屋的。邻里相争，孩子打架，父亲总是首先批评教育自己家的人，即使有理也从不找外人理论，还经常给我们讲“桐城六尺巷”的故事，总是说当中那首家书：

千里家书只为墙，让人三尺又何妨。

万里长城今犹在，不见当年秦始皇。

这种处人为事的方式，一直影响着我们。

记忆中的父亲，做事有板有眼。他精通田间地头的活，从不落人后，并称得上一丝不苟。在劳动中经常教育我们：插秧如写字，一定要横平竖直，这样秧苗才能充分接受阳光雨露；锄草如绣花，不能丢三落四，更不能损坏庄稼。父亲自学一手木工绝活，打家具、建房屋样样在行。两个姐姐的嫁妆，如梳妆台、提桶、木盆等，都是父亲一锯一刨做出来的，同龄姐妹很是羡慕，婆家的大姑娘小媳妇更是啧啧赞叹。父亲装犁修耙做农具的技术远近闻名，他做的农具好用，三乡五里都认他的活儿。四十多岁后，父亲还领着青年后生，学习操作农用机械，闲时碾米磨面，农忙时打水耕地，从不叫苦叫累。

记忆中的父亲，严慈相济，可敬可亲。父亲只读过几个月的私塾，可教育子女特别严格。我们小时候，生活艰苦，平时只有家里来客人，才买一点荤菜，父亲是从来不准我们上桌子与客人一道吃饭的。不来客的时候，父亲又总是要我们端坐在饭桌上吃饭，嘴里不准发出响声。父亲言语不多，看起来很严厉，从不轻易打我们，说出的话必须照着去做，否则会挨揍。我读大学时，有一次父亲跟我谈心，说："都说我心狠，不疼爱你们，其实不是的，在你读高中时，个子不大，身材瘦小，我经常是晚上睡不着，怕你饿着、冻着，怕你被别人打或是跟别人打架，只是默默挂念在心头，没有表达出来罢了。"

父母合影（九华山天台）

我时常忆起父亲，并告诫

自己：一定要做一个好“儿子”——孝敬母亲，让母亲安度晚年，享受天伦之乐；一定要做一个好“父亲”——教育好自己的孩子，恪守“孝悌力田为根本，诗书忠厚为贻谋”的家训，克勤克俭，唯耕唯读。

2006-10-06

写给父亲

又是一年中秋时。父亲，您过得还好吗?

古人云：月是故乡明，月是中秋圆。可我认为“月是人间圆”。父亲，您知道吗，您离开我们已十四年了，十四年来，社会发生了巨大的变化，人们的生活水平有了很大的提高，如果拿您当年的眼光看，现在的每一天都可以算得上是在过节了。

父亲，母亲跨入古稀之年后，身体硬朗了些，这么多年来，她老人家一直照顾着二弟，养猪，种菜，浆洗补缝，烧锅煮饭，甚至砍柴担水。母亲每年种的黄豆，除去家里吃的和做豆腐的，还能卖几百元钱，今年光油菜籽就收了400来斤，我和小弟每人还领回了十斤菜籽油。母亲和您一样，一生做惯了，是歇不住的。

父亲，十四年来，您的孩子一个个都长大了，都成家立业了。

两位姐姐的六个子女都已结婚生子。做上奶奶的两位姐姐，其乐融融，她们每隔一段时间，轮流带上一些菜回家看望母亲，叙叙家常，母亲总是乐得合不拢嘴。如果您长寿些，也能享受这天伦之乐，那该有多幸福呀。

您的长头孙子，我的儿子，他已经读大学四年级了，明年就要走上工作岗位了。今年暑假，他先是随学校去了一趟厦门，后来独自一人往返深圳两趟，并在那里一个大公司上了一个月的班，将来有可能就去那里就业了。父亲，听到这个消息，您肯定很高兴吧，您的大孙子有出息了。

您的二孙子，已经读高二了，二弟媳在陪读，成绩不够理想，有待进一步努力。

您的小孙女，这个孩子，清新秀气，读书成绩一直名列前茅，今年刚刚上初一。

父亲，祖父自离开祖籍桐城来江南后，一直没能回老家看一眼。您自从记事起，就一直想回祖籍地走走，可都没能实现，您知道吗，我替你们做到了。桐城曾祖父迁坟时，我、树园大哥、四哥，刘南冲小叔，还有我的儿子一起去了；竞儿上大学报到的那一天，我、母亲、二姐、小弟和您的大孙子一同到了祖籍地，拜访族人，族人热情迎送，欢喜有嘉。礼应伯父生活的地方，发展得比我们这儿还要快，还要好。最近获悉，祖籍地的人正在续修宗谱，老家要来人，落实族人上谱一事，这可是认祖归宗的大事呀。父亲，您一定会支持的，也一定会从心底里感到欣慰。

父母合影（老家菜园）

父亲，今夜又是中秋，轮盘似的圆月高挂夜空，明亮的月光从天空倾泻而下。窗外的夜是宁静的，是安详的，可我的心是忧伤的。去年中秋，我思念您；今夜，我又静静地坐在电脑前，将思念轻轻地敲进键盘里。

仙界人间各半边，情深父子忆相牵。
望穿天下茫茫路，只等来生再续缘。

父亲，如果真的有来生，我一定还做您的儿子，一定做一个孝顺的好儿子。

2007-09-23

又到中秋月圆时

又到中秋月圆时，又是倍加思亲之刻。

二十年前的中秋，父亲突发中风，没为亲人留下一句遗言而去，儿女承受多少遗憾。我时常在想，要是放到今天，要是放到现在，我们一定想方设法，让父亲多陪伴我们几年。

二十年来，关于父亲的记忆，随着时间的流逝，已经渐渐模糊了。前天，上网翻看六年前中秋之夜的文字《记忆中的父亲》时，发现又被他人转载了，且留下点评："看完全文，想起了我的父亲，性格有很多相似之处。自从父亲走后，无数次希望时光能倒流，能再看到父亲！谢谢！"我回复说："天下的父亲都是一样的！""父爱如山。"

今天，窗外的圆月又大又亮。父亲，我想对您说，今年春天，我完成了一个"父亲"一生中的又一件大事——为您娶回大孙媳妇了！姻亲是海南的，亲家厚道，儿媳贤惠，小两口和睦且奋进，事业蒸蒸日上。

父亲，五年前的中秋，向您汇报过您大孙子准备去南方的情况，后来真的去了深圳。经过几年努力，孩子在南方发展得不错，房子、妻子都有了，过年前就会有车子了，为您添重孙子的计划正在进行之中呢，您一定非常高兴吧！就在今天，他俩刚从深圳到长沙游湖南去了。

父亲，今年的中秋，过得比较热闹：您的儿子、儿媳妇，女儿、女婿十人，几个外孙子、外孙女，还有重外孙，全部来到后冲，来到母亲身边，团团圆圆、热热闹闹过中秋。您的二孙子威威，从部队请了探亲假；您唯一的孙女，在备战高考的紧张时刻，也回到老家来了。母亲甭提多高兴了！您要是能活着看到，该多好啊。

可世上的事就是这么不尽如人意。父亲，我不想对您说，可我又不得不对您说：母亲正经历着人生中最大的磨难——年初被查出肺癌，紧接着做了切除手术，目前正在与肺癌进行着艰难的战斗。

为了能让母亲在有限的时日里，尽量减少痛苦，我们姐弟五人在和三舅商量后决定：一是向母亲隐瞒实情，保持她的精神乐观；二是采取关怀治疗的方法，一切顺其自然。

从手术到现在，六个月时间过去了，母亲恢复得还算可以，回到后冲后，特别是小红回来陪着后，心情逐渐舒畅，身体似乎硬朗多了。然而，最怕的就是，说不定哪一天，可能突然逆转。

父亲啊父亲，您英年早逝，我们来不及报答您的养育之恩，但您一定要保佑母亲渡过难关，让母亲多陪伴我们几年，至少要让母亲看到，您大重孙子出生啊，这样，母亲才好向您汇报。

父亲，我们共同为母亲祈祷：战胜病魔，创造奇迹。

全家福（2012-09）

2012-09-30

争　水

二十世纪八十年代初期，有一年夏天大旱，双季晚稻勉强插下去后，老天仍没有下雨的迹象。我家的责任田和隔壁生产队一位堂伯的责任田相邻，上游一眼泉水必须流经我家的责任田后才能进入堂伯的田中。

一天早晨，父亲好不容易经过一夜的求情和疏通，才将那股很细的水流引入我家田中。就在这时，堂伯也扛着锄头来放水了。

父亲为了尽可能多地屯水，早已将通往堂伯的田埂筑高了。堂伯怕自家的田干了，要开缺口放水。父亲一定要堵缺口，堂伯一定要开缺口，堵了开，开了堵，再堵再开。父亲眼看堂伯今天早已把兄弟情分放在一边了，动真格的了，急中生智，整个人睡在田埂缺口处，用身体挡着水流。堂伯想方设法去拉动父亲。两人你来我往，泥水糊满全身，都成了泥人。僵持一段时间后，两人都精疲力竭。

两人都冷静地坐了起来。父亲拿出被水浸湿的香烟递给堂伯，说："我忙活了一个晚上，水刚流到田中，你就来放水，要是上游又被别人给截住，岂不白忙活了？"堂伯说："你把缺口堵得那么高，那样实，压根就不想放一些水给我，水是你家的吗？"堂伯抽完烟，回递香烟给父亲……最后他们商定，两人继续梳理上游水路，先把我家责任田的水屯满，再根据上游来水情况，将两家田里的水放得基本相同，两家共渡难关，企盼好收成。

这俩兄弟争水的事传开后，在老家成了一段佳话，人们都说，是亲情友情战胜了旱情。

2007-08-28

勤劳的母亲

春末夏初，七十一岁的母亲刚忙完春茶的采摘，她亲手种下的一亩多地的油菜，已经丰收在望了。

上星期六是母亲节，二姐回家看望她，帮母亲将油菜割倒在地里。这几天的天气不是很好，母亲急得睡不好觉，既担心秆上的菜子荚晒不好，又担心老天起风下雨，生怕到手的油菜籽遭受损失。连续两个下午，我都赶回家帮助母亲收打油菜籽。

我的腿受过伤，母亲怕太阳晒我，怕我连续挥动棍棒后腰酸背痛，更怕挑重担压着我，可她从不考虑自己。可能是多年没有参加过体力劳动的缘故，四十几岁的我竟然体力不如母亲，我后来只得坐在地上操作，而母亲一直忙到结束也没有休息一下。

母亲、大姐和我

我曾经问母亲："年纪已经够大了，挖地、锄草、挑粪不累吗？要是累生病了怎么办？"母亲说："做习惯了，没事的。如果在家歇着，身体反而难受，那才会真的要生病呢。白天吃点苦，晚上睡觉会更香。你姨妈都八十多岁了，还不一样在家打油菜。"我无言以对，仔细体会母亲的话，发现一个道理：运动能健身，勤劳会长寿。

都说养儿为防老，可母亲早已是儿孙满堂了，还不照样整日奔忙。母亲和父亲一样勤劳，在艰难困苦时期维持着全家的生计；是父母亲的勤劳，支持我一直读完大学从而走上工作岗位。

2007-05-21

善良的母亲

母亲七十岁以后的身体似乎比以前还要硬朗些。父亲去世后，母亲一直和农村的二弟住在一起，我曾接她与我一起住，可母亲觉得什么都不顺手，人又不熟，怎么也没有农村好，天天念叨：整天没事做，什么都靠买，花钱不说，哪里有自己动手耕种来得方便，想吃什么种什么，四季都有“应节”的蔬菜。由于母亲一再坚持，在父亲去世后的第二年，母亲回到她和父亲共同建造的、生活了四五十年的老家。

我们姐弟五人中，两个姐姐一天书都没有念过，虽然兄弟三人都读了高中，可只有二弟在家务农，体力劳动之繁重，日常生活之艰辛，越发使母亲觉得对二弟有些不公，总想尽力帮他一把。这也是母亲一心要回到老家的又一因素。

由于二弟媳一直在外打工，十多年来，母亲不分寒暑、起早贪黑，做完家务再种菜，忙完田地还砍柴。点油菜，插山芋，种南瓜、玉米、芝麻、小麦，样样齐全，面面俱到。四时的瓜果蔬菜，除去自己需要的，每隔三五天便给我和小弟家送一次，有时用手提，有时用肩挑，有时还用板车拉。邻居们都说，我有一个好母亲。

母亲的性格有些要强。与父亲共同生活的四十多年时间里，虽然磕磕碰碰，但是从不服输。母亲曾为房址、地边和山界，与邻里争吵，寸土不让，为的是不让二弟被人欺侮。别人家子女早早回家耕田种地打柴担水，可她宁愿自己没日没夜地劳作，也要让三个儿子，在艰难困苦的环境中，至少读完了高中，最后两个儿子走上了工作岗位。

母亲的性情更多的还是善良。从小到大，我们从没有挨过母亲的打，母亲以理育人，我们总被说得口服心服，直到现在还教育我要和妻子和美度日，以及家和万事兴的道理。邻里之间有困难，母亲总是热情相助。母亲的远房侄媳妇，住在隔壁，其子女在外地打工，八十多岁了，独自一人在家。平时有什么好吃的，母亲与她共享；生病了，母亲端茶送饭、问医问药；有什么心里话，总是相互诉说。二人相处，胜似姐妹。

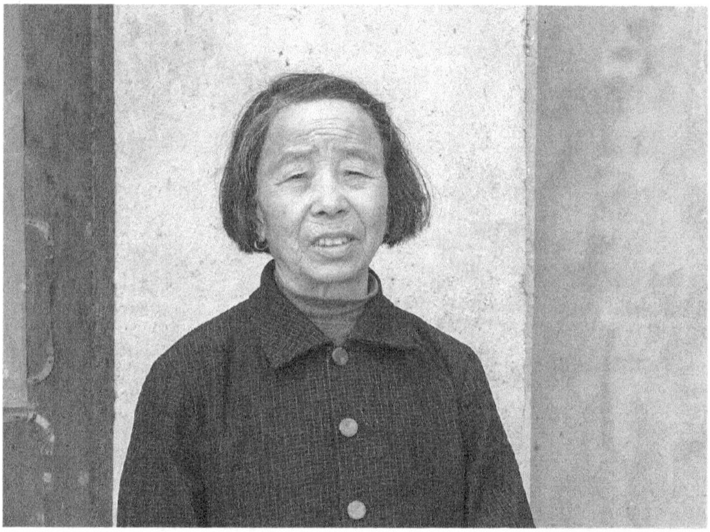

母 亲

2007-07-03

年　味

农村有句俗语："大人望做田，小孩盼过年。"因为只有春天的播种，才有秋天的收获，只有全年的辛勤劳动，才能让孩子过一个快乐的春节。我的母亲就是一位既忙着种田又乐着过年的人。

我小时候在外读书，姐姐在外做事，母亲总是会念叨"有钱无钱，回家过年"，在除夕之夜，将我们的布鞋全部调整为鞋尖朝着床的方向。长大后才知道，那是母亲想让一年到头在外奔波的我们，在年三十晚上，回家美美地过个年，然后在新的一年里再踏上新的征程。

那时，母亲和父亲同甘共苦，艰难持家，母亲在外参加生产劳动，于内操持家务，拼命让三个儿子都读了书，让我和小弟都端上了"铁饭碗"。正当家境日渐好转的时候，父亲突然离我们而去，对母亲来说，真是天塌下来，然而母亲坚强地挺过来了，并亲手为小弟完婚成了家。从此，母亲把过年看得格外重要。

按理说，母亲早就应该轻松下来了，可她歇不住。对于生活在农村的二儿子，母亲总是尽力去帮：山边田头的荒地里，总想多挖上一块，种些谷物；自留山上，经常看护着毛竹树木，别人若想欺占，母亲会拼命维护；菜园里，蔬菜一年四季常青常绿，夏瓜、秋果从未脱节。

母亲也惦记着其他儿子。每隔三五天，母亲便提着篮子或跳着担子将自己种植的绿色果蔬送到我和小弟的家。母亲种的油菜，除去二弟吃外，每年都要给我和小弟几十斤菜籽油，黄豆、芝麻、皮棉样样不缺。去年还饲养了二十多只鸭子，每个儿子发了五六只。

我成家已二十多年了，二十多个春节中，除一年外，都是陪着母亲过的。刚结婚时，一担箩筐，一头坐着儿子，一头装着黑白电视机挑回家。年三十晚上，那可是全村唯一的电视机，邻居早早赶来，挤满了整个屋子，一直坚持到电视台播“再见”，母亲则忙着搬凳子、发糖果、递瓜子，等到能坐下观看时，节目已接近尾声，但从她那自始至终开心的笑容里，我们感觉到母亲是心满意足的。

就拿去年过年来说，母亲出院才二十天，身体还没有完全康复，可她老人家硬是坚持给二弟妹忙前忙后，真是糖烟酒蛋样样考虑，鸡鸭鱼肉个个操心。尤其是大孙子去年刚参加工作，特地从深圳赶回来过年，让老人家乐得合不拢嘴。

有时候，妯娌们看母亲七十多岁了，还一个劲地忙着，为我们回家过年而操劳，每每有些于心不忍，尽管她们也都帮着张罗，可毕竟不如在自己家里顺手，也想着分开自己过年。母亲总是说，日子这么好，弟兄三家在一起过年，团团圆圆多好呀，这样才有年味儿。

我也曾经说过：“我都快要娶儿媳妇了，人更多了，您老忙不过来了。”母亲则说：“我早就盼着抱重孙子呢，人越多越好，方桌子坐不下就用圆桌子，一张桌子坐不下就用两张桌子拼起来，那才叫子孙满堂呢。”

是的，上了年纪的人，她们更多期盼的是逢年过节时，儿孙们欢聚一堂，谈谈心、说说话，享受天伦之乐。

母　亲

2009-02-22

做豆腐

在我的记忆中，很小的时候就有“二十五做豆腐”的说法。每年腊月二十五，父母必做的一件事，便是自己动手做豆腐。

做豆腐

今年，母亲实在找不到帮手，就要我抽时间回家帮忙做豆腐。今年做豆腐的时间提前到了腊月二十三。

腊月二十二这一天，母亲将留着过年做豆腐的三十来斤黄豆，除杂淘洗，分装于三个木桶中开始浸泡。腊月二十三早晨，母亲在二弟的帮助下，去邻居家磨好豆子并挑回家中。我回来的第一件事，就是在母亲的指导下，将专门用于杀年猪烧开水用的大锅清洗干净、装满水、架上柴、点着火。烧开水的同时，准备第二道工序——泡浆。到这时，母亲才能抽出时间安排自己的早餐。

泡浆这道工序虽说不复杂，却也有特别要求：要先在磨好的豆浆中放入少量的香油，然后用脸盆将开水沿着泡浆用的缸的内沿四周转着倒入，再尽快将需要的开水全部加入缸中，搅拌均匀，盖上锅盖之类的物件保温，浸泡时间大约二十分钟。

第三道工序是挤浆，也就是对泡好的豆浆进行过滤，使豆浆与豆渣分开。

第四道工序是烧浆，将过滤出来的豆浆，加热升温到100摄氏度。这一过程看似简单，却有严格的要求，即一定要烧开，但又不能过分加热。在民间，豆浆快要沸腾时，不要说“潽”而要说“涨了涨了”。

整个工序中，第五步点浆最关键。一桌豆腐做得好与坏、多与少关键就看点浆，温度不可过高又不可过低。从现代科技的角度来看，点浆的过程就是将豆浆中的蛋白质盐析的过程。

在民间，又有冲浆的做法，就是将需要的熟石膏与少量的冷豆浆调配好以后，一次性与烧开的热豆浆混合。点浆与冲浆不同，点浆是将调配好的熟石膏悬乳液，慢慢地滴加到烧开的热豆浆中，不断地用锅铲在缸中缓缓翻动，随时观察豆浆的盐析情况。母亲用点浆法，而且将点浆技术发挥得可谓炉火纯青。当盐析出的豆腐刚能观察到时，母亲便高兴地念：“来了！来了！你们看，像鹅毛大雪片一样，密集地漂来了，这缸豆腐一定很多很多！”这时的母亲是最快乐的，也是最有成就感的。她坚信年前的豆腐做得好，来年的年景就一定好，家境就会好上加好。

磨豆腐

在农村，年长的男人会做豆腐不稀奇，可像母亲这样七十多岁的老奶奶，能够做得一手好豆腐的，却不多。母亲说，现在做豆腐多容易：磨豆子用机器，烧锅有硬柴，以前哪有哇。以前磨豆子全用手工，烧锅也只有茅草，光烧火就得一个人，就是在这样的情况下，最多的一天，我家做了十五桌豆腐，累得连晚饭也不想吃就睡下了。

父亲在世时，点浆的程序一般由父亲亲自操作，母亲只是打下手。有一年，父亲在泾县修筑河道，到年三十晚上才回家，那一年过年做豆腐的任务便是母亲独立完成的。在父亲去世后的这么多年里，母亲硬是一直将这一技术延续下来，让我们始终都能吃到原汁原味的手工豆腐。就在昨天，还有几个村里的小媳妇们来向母亲取经。

2010-11-30

母亲晚年的磨难

意外受伤

岁末年初之际，母亲因小小的意外，遭受了老年的第一次磨难。

起因非常简单：当天晚间七点钟左右，惩罚乱拉柴草的小猪，小猪从胯下窜过，将母亲摔倒在地。

起初根本没有认识到问题的严重性。随着小腹疼痛不断加剧，母亲无法忍耐，二弟叫来了村里的卫生员。卫生员做了简单的处理后，建议送镇医院诊断治疗。我接到二弟电话后立即将母亲送到镇医院。经过医生初步诊断后，建议转往县医院。于是，我一边让暂住城关的小弟先行联系县医院，一边直奔县医院而去。经胸透、腹透、腹腔穿刺等相关检查化验后，县医院确诊为肠破裂，必须立即手术修复。

此时已是夜里十一点左右，母亲怕花钱，吵着说："不开刀，回家去！"三个儿子三个儿媳妇异口同声："到了这时候，就由不得您老了。"母亲进了手术室，凌晨一点左右下手术台，住进病房。

母亲麻醉后尚未醒来。她身材矮小，躺在病床上显得瘦弱，苍老的脸蜡黄。说实在的，四十七岁的我，第一次仔细地抚摸母亲那双曾经有力的手，手背的粗糙程度，远远超过了松树皮。手掌上沟壑纵横，裂纹内颜色黑黝，很是刺眼，摸着、看着，心酸与愧疚，涌上心头，直冲脑门。

母亲出生在旧社会，躲过战乱，做了三年童养媳。与父亲结婚后生下五个儿女，艰难困苦中养育三男二女成人成家。母亲坚持和二弟住在一起，二弟媳长年在外打工，母亲从烧锅煮吃到浆洗补缝，再到田间地头，全方位地给予帮衬。山芋、南瓜、油菜、黄豆样样都种，锄草、浇粪门门能来，真是“摔倒了还要抓一把泥带回家”。别人要想多占一寸土地、多占一棵小树，她都会据理力争。七十多岁的人，每年都要养一头肥猪过大年，三个儿子人人都有一份过年的猪肉。这一次撞伤她老人家的小猪，正是为了明年参加高考的二孙子而饲养的。

从母亲生活的小山村，到我们居住的小镇，足足有4公里，从家里到小镇，从小镇回到家，母亲有时提着东西，有时挑着东西，有时拉着板车运东西，从来都是风风火火。我曾经问她老人家是否觉得累，她总是说：“做习惯了，白天累一些，晚上睡觉会更香。”就在这一次意外发生后，母亲在忍受剧烈疼痛的同时，还担心着二弟：“我不能再帮你了。”

好在母亲是累惯了的人，持之以恒的劳动锻炼，使母亲拥有了与磨难做斗争、顽强战胜磨难的资本——刀疤疼痛不在话下，肠胃胀气逐渐被克服，即使躺在床上不能动，全身酸痛，睡着了手还在不停地划动，问其原因，说是在拔草。手术后第五天，母亲就坚持下地扶床走动了。

我和母亲

母亲躺在病床时，五个子女轮流陪护，有时得以短暂相聚，围着母亲说说话，叙叙家常，而中心话题只有一个：“您老真的要好好地享享福了。”母亲似乎也想通了：“是不能瞎忙活了，想帮凑可是年纪大了，经不住折腾了，稍有闪失，花费不知要大多少倍，反而拖累了你们。”

母亲想通了，其实是想到花费，而不是安心享清福。

2009-01-06

与病魔抗争

母亲自幼身材矮小，年富力强时也不过1.55米，结婚后挑担、种田从来不输男人，年轻时便落下腰痛的老毛病。母亲步入古稀之年，腰背微驼，显得更加矮小。在76岁以前，母亲一直坚持着体力劳动，如砍柴、担水、挖地、锄草、挑粪、浇菜等。老年后的第一次磨难，便是被自己饲养的猪撞击，造成肠破裂。近几年，虽说有时生病，可只需吃吃药打打针也就好了，这些基本上不对我们讲，说是怕影响我们工作。

就这样平静地到了2012年元月11日，母亲在家清理一只比较高大的取暖用的木桶时，连同一米多高的木质火桶，从屋檐前的台阶摔了下来，后脑勺撞到台阶边沿，在地上躺了可能有半个多小时，醒来后发现自己还没有摔死，摸摸头，突出了一个大包，自己忍痛爬到床上躺下，心想撞个包没什么大不了，过几天便会好，为了不影响我和弟弟上班，也就没打算告诉我们。

事发第二天，二姐给母亲打电话，才知其摔伤，她通知大姐一同回家，陪母亲住上一两天。于是她们回家，叫我回去吃晚饭，当时我也没太在意。第三天下午，在请了乡村医生打点滴也不见好转的情况下，我们决定送母亲去中医院诊查，一查才知道，已经造成颅内出血。当时，中医院没有床位，只得住进县医院。其时已经是腊月二十。

在随后的相关检查中，发现母亲肺部有阴影，但医生说一个月后脑部复查时再看看，就这样到了元月19日（腊月二十六），我们接母亲出院，回家休养，过新年。

生活中的事总是喜欢集中到一起。当时，我爱人只身前往深圳，帮儿子买房。我一人在家，既要上班，又要处理货物，我直到元月20日（腊月二十七）才前往深圳过年。而且，半年前就已敲定，儿子的婚期是龙年的二月十八（公历3月10日），因此，我正月初五返回，紧锣密鼓地准备：出清墙壁，油漆门窗栏杆，印制喜帖，等等。

也不凑巧，正月初六到二月十六，一直阴雨连绵，不下雨的日子只有4天，等安排就绪，再给母亲复查时，已经是2月27日（农历二月初六）。县医院复查的医生发现母亲病情严重，我第二天带着母亲去市二院，专家诊断说，恶性的可能性很大，但发现早、手术价值大，且一到三个月内手术，都是不会有大的变化的，半年以上不敢说。当天下午，我们姐弟五人在瞒着母亲的情况下，到我家商量，决定等3月10日办完我儿子的婚宴后，就安排母亲住院治疗。

3月10日办喜酒，3月11日儿子、儿媳开车经合肥去杭州再回深圳，3月12日为小外甥补办结婚证，3月13日在国平表兄的帮助下，连哄带骗，将母亲带往市里弋矶山医院住院治疗。

一周后，3月20日，手术顺利。麻醉药消退，疼痛难受，母亲甚至说，如果继续这么痛下去，还能坚持到明天吗？随着时间的推移，出现呼吸困难、胸闷气短，门窗开到最大、病房内温度降到很低，她还是觉得喘不过来气。

出院后，母亲住在我家一层，大多时候都得开着前后门睡觉。为了让母亲能稍微好受一些，我想方设法弄回一只大的医用氧气钢瓶，以备不时之需；还专门组装了一台小小的电扇，对着脸上吹，大多时候通宵开着。母亲同时患有慢性胆囊炎，饮食不能带油，母亲说，稀饭就是最好的营养品，坚持吃它，就一定能强壮起来，就一定能战胜病魔。

这就是母亲的性格，对生活要求不高，拼命地劳作，默默地奉献，不求荣华富贵，只为儿孙能平安幸福。

手术过程中，切除的肿块快速病理化验为恶性，这是对我们的第一次打击；一周后，清除的淋巴细胞中，有一组发现有癌细胞，这是残酷的现实；4月14日CT发现有几处扩散，等于说是直接的宣判。每天面对母亲的各种发问，我们不能说实情，说着谎言，还得时时提防说漏了嘴。其时，大姐因肾病住院，又得瞒着母亲。种种内心的折磨，无法用语言来形容，只有经历过的人才能深有体会。

明天又是一年一度的“母亲节”了。今年我们尚能围在母亲身边为她端茶送饭，明年呢？后年呢？母亲明年还能对我们嘘寒问暖吗……愿母亲挺过去，战胜病魔，再陪伴我们几载，好好享几年清福。

2012-05-12

怀念母亲

春节前

再过几天就要过年了，可今年的年，是第一个没有了母亲的年。

五十一年来，虽说极少年份没有团聚在母亲身边过年，可还能向母亲祝福新春，总能聆听到母亲的笑声。然而，我五十二岁生日在即，五十二岁的这个春节却没有了母亲。儿的生日母亲的难，我的这个生日怎么过，我们的这个年怎么过？

今年“春晚”将有一首歌曲——《时间都去哪儿了》，可我想知道的是，母亲，今年过年您去哪儿了？到哪里再能看见您的身影？到哪儿再能听到您的声音？可是，可是无论到哪里也不能了，永远也不能了……

按道理说，子女都已成家立业，生活也很顺畅，母亲应该是乐享天伦、颐养天年了。然而，两年前的冬天，母亲被查出患上了绝症，全力医治，母亲艰难地与病魔抗争了十八个月又十七天，撒手而去。

母亲去了，妻舅去了，二弟也跟着去了，岳母还是紧随着去了。2013年12月中下旬，在不到十天的时间里，四位亲人相继去世，我们经历了人生中最大的亲情打击，仿佛真的是天塌下来了。

二十一年前，父亲英年早逝，如今母亲又被病魔夺走了，今年的这个年怎么过呀？真是到“子欲养而亲不待”的境地了。

2014-01-21

母亲节

母亲节到了，母亲却没了，母亲您去哪儿了？

母亲离我们而去，已经五个月了，可我们还是没有完完全全地接受这一残酷的现实，特别是在生活中获得快乐时，或是在工作上遭遇困难时，第一闪念便是去向老娘叙述，去同慈母分享。然而，这个二十多年来形成的习惯，随着母亲的离世，戛然而止了。

母亲，您的离世，我们姐弟五人顿失精神支柱，刹那间感觉到天都塌下来了。接下来的打击更加残酷。在您离去的第七天，最担心的事还是发生了——因病魔，二弟随您而去，您说我们剩下来的四人如何面对，真是天塌了地也陷了，屋漏偏逢连夜雨哇。天哪！

在思念中度日，于悲惨中过年。

新年新气象。

母亲，您的大儿子已经做上爷爷了，也就是说，您已经当上太婆婆了。今年农历二月十七，您的长孙竞儿，添了一个女儿，到现在快有两个月了，孩子生得眉清目秀，长得活泼可爱，几乎继承了她爸妈的全部优点。

您的大儿媳妇，自从去深圳竞儿那里过年后，就一直没回来，在照顾您的孙媳妇，从临产到坐月子，从带孩子到做家务，虽然从小就没有做习惯，但是一直在坚持着，再苦，再累，再怎么想家，再怎么气候不适应，只要一抱起孙女，便一切烟消云散了。就像您常说的："下人好，比什么都好。"（这里的"下人"指"子孙后代"。）

母亲，儿子的这个消息，您一定非常高兴吧？

2014-05-25

一周年

一年了，360多个日日夜夜，在人生的长河中，虽说是短暂的一瞬，可对于丧母的我们来说，用“度日如年”来形容也不为过。其间，有悲伤，有欢乐，有折磨，更有思念。

过去的一年里，最初是悲伤的，悲伤到惨痛。短短十天，母亲去了，妻舅走了，二弟更是被无情的病魔夺去了年轻的生命，岳母还是追随岳父西归了。如何渡过这段悲伤的时光而跨入新年的，至今无法找到一个清晰的记忆。其实，在那种境况下，又怎么可能有一个清晰的记忆呢？

春天来了，在花开的季节里，我初为爷爷。奔忙、劳累、欣喜，享受着天伦之乐。在这样欢欣喜悦的境地里，更容易思念起逝去的亲人。“又是一代人”，若是母亲健在，这天大的喜讯应当第一个告诉她老人家了。母亲，您知道了吗，您的亲重孙女，长得活泼可爱又美丽漂亮，您和父亲一定会佑护孩子健康成长的。

进入夏天后，我的眼疾复发，手术后两次复查与治疗。记忆中，母亲是一把屎一把尿将五个子女拉扯大——天冷了加衣，感冒了吃药，在外面不要与人争强斗胜……就连夏天疾风暴雨、电闪鸣雷时，也没忘记告诉我们，把秤砣挂在门闩上，为自己壮胆。（母亲相信秤砣是能压千斤的。）难道没有了母亲的呵护，病魔就会兴风作浪吗？眼疾住院期间，乃至其后相当长一段时间里，我在睡梦中似乎总能听到母亲关切的声音。偶尔会梦见母亲，特别是在昨天的早晨，竟然从睡梦中哭醒过来。难道真的有在天之灵吗？要是有的话，为了我的眼疾，母亲又不知道要暗自流下多少眼泪。

一年了，说是对母亲的想念，其实不过是敲下一些零碎的文字：过年时，没能亲手为母亲祭上一杯酒，原因是来南方了；百日时，没能亲手给母亲点上一炷香，原因是来南方了；周年了，没能亲手给母亲坟头烧一张纸，原因还是来南方了。每次来南方，似乎都有充分的理由——为了自己的儿孙。可没有我的母亲，哪来的我，哪来我的儿孙呢？是托词还是想逃脱呢？也许兼而有之吧。不过我想，依据父母“一代胜过一代”的想法，他们是会理解我、支持我的。

2014-12-04

车祸猛于虎

今天早晨，孩子他大舅去了。原因很简单：车祸。在国道旁的人行道上，大舅哥从乡下住处来街道菜市摊位，做点买卖的途中，遭遇了背后飞速而来的桑塔纳轿车，最可恨的是轿车无牌，驾驶人员无照。

呜呼哀哉！老哥，你走得太年轻了，你走得太突然了，你走得太悲惨了……只有62岁，连一张制作遗像的照片都很难找到，更不用说身后事的安排，哪怕是对妻儿的一句话交代。八十二岁的老岳母听到这个消息，一声悲怆的呼喊，从小竹椅子上，栽倒在冰冷的水泥地面。

大舅哥1946年出生，只读了很少的书，可勤奋好学，学到的化学知识在后来的生产中得到创造性应用。他在家是长子，可那时家境贫寒，虽说祖辈经商，可折腾来折腾去，只能勉强糊口度日。他十五岁参加工作，足迹遍布远近乡镇；后来供销社倒闭，五十多岁后只得以家庭小作坊的形式维持生计；刚刚领取养老保险不到一整年，却被无情的车祸夺去了鲜活的生命。

大舅哥的突然离去，对大舅嫂的打击最大。大舅哥在世时，大舅嫂任何事都不用操心，天塌下来反正有人顶着，有时甚至还会对他发一点脾气。这下可怎么办呢，呼天天不应，叫地地不灵，失去顶梁柱，失去主心骨，日子可怎么过呀，哭声中不断地细数着大舅哥平时的好处，越数越伤心，听得叫人心碎。

大舅哥的一儿一女，虽说早已成家立业，可这一次真的是天塌下来了，万分悲痛之中还得紧急办理各种手续。好在二舅哥父子、三姨夫等全力协助，才使他们从悲痛中理出头绪，处理各种事务。

这是一起不该发生的悲惨事故，对被害家庭来说是毁灭性的，对其亲人们来说是无法承受的。在这个血淋淋的教训中，车主有责任——非法使用过期报废的机动车辆，还随便让他人使用；驾车人有责任——无证驾驶；车辆管理部门是不是也有责任——报废的车辆为什么还在使用？任何一个有责任的，尽了责任，这起事故就不会发生。希望这样的事故不再发生！

2007-10-11

儿子融入了都市生活

2008年，儿子大学毕业，南下深圳工作。

去年暑假，我们夫妻二人迫不及待南下，一是打算到深圳走走看看，二是实地了解一下儿子的工作和生活环境。我们发现深圳的生活节奏要快得多，工作效率要高得多，工作压力也大得多。鉴于深圳房租贵而且要经常搬家，我们临时决定给儿子置办一个简单的小窝，于是只住了两天，便赶回来筹措资金，一月后儿子搬入了自己的“蜗居”。

今年夏天，我们本来打算从安庆乘火车前往深圳，儿子在跟其女友商量后决定，要我们坐飞机，为我们买好了从南京到深圳的往返机票。7月2日那天，我们虽说都不是第一次坐飞机，可心中还是充满自豪，飞机晚点两个多小时，也没有影响到我们的兴致。

去年来深圳时，儿子一人等候在火车站外，翘首以盼；今年出机场大厅时，儿子开着车，与女友笑脸相迎。很快，车子融入滚滚车流中，多次变换车道，多次等待红灯。随后我们共进晚餐，一边品尝海鲜，一边谈天说地。他们安排我们住进了大酒店。

周末，他们带领我们登地王大厦观赏鹏城全貌，游大小梅沙领略海滨风情，逛大型超市购置各样物品……让我们大开眼界。他们上班，我们就拿出看家的本领，烧出可口的家乡饭菜，让他们体验体验家的感觉。

看着他们，我们从内心深处感到欣慰。当初，儿子坚决要到南方来工作，这条路走对了。他在这里找到了自信，获得了爱情，他正渐渐融入深圳这个大都市的生活中。

2010-08-08

陪着姐姐上北京

自打儿时学唱《我爱北京天安门》这首歌曲起，我就一直梦想着上北京去，到天安门前留个影。五十多年后，2018年初夏，在爱人的怂恿下，我终于实现了这个梦想，与两位姐姐一同到了天安门。

小时候我们家境贫寒，姐姐们没念一天书。姐姐们成家后，生儿育女，相夫孝老，维系家庭生计，如今年逾花甲，从没出过远门。此次旅行前，我就计划着，要陪着姐姐们登飞机、乘高铁、坐游船。

朋友帮我们找了一个江苏的赴京旅行团，别人都是从无锡出发，特地让我们姐弟三人，从南京乘飞机到北京机场会合。

在南京禄口机场停机坪，大姐兴奋地说，从来只在电视上看别人上飞机，今天终于自己要坐飞机了，真是既激动又害怕。

万米高空，阳光灿烂，山川河流由远而近，又渐渐从脚下滑过。远远地，大姐发现下面有条笔直的线条，指着要二姐看，还推测那一定是高铁线路，不然没有那么长，更没有那么直。二姐有恐高症，哪敢往下看呢，我都不知道她是怎么度过那两个小时航程的。

旅行团特别重视留影纪念这环节，除了为我们安排了合影照外，还为我们安排了分别以天安门、人民大会堂、人民英雄纪念碑、历史博物馆为背景的个人照。在专业摄影师的指导下，姐姐们摆着各种造型，每一张照片都笑得十分开心。我将照片实时发回家人微信群，小弟回复："以前没看到姐姐们的笑脸。是她们不知道拍照时要笑，还是不知道拍照时怎么笑，反正这一次她们笑了。"

观看升旗仪式，安排在去长城的那天凌晨。全体人员早早起床，带上早餐，下车后步行，排队、过安检，再排队，到达天安门广场时，天还没有亮，但广场已站满了人。雄壮激昂的国歌响起后，看到了冉冉升起的五星红旗。姐姐兴奋地说："体会的就是这个庄严的时刻，感受的就是这身临其境的氛围。"为祖国自豪，为自己骄傲，此情此景，至今如在眼前。

"不到长城非好汉"。攀登八达岭长城时，二姐依然恐高，只顾低头看脚下，随着人流往上走，不敢看两边景色，更不敢回看来时路。大姐则不同，不断感慨长城的宏伟，还俯身长城边，给最小的孙女儿打电话，在到北四楼后还想继续往上攀登。为照顾二姐，我们从烽火台下到长城根，沿山路返回，这反倒从另一个角度体验了长城的雄伟。

来到故宫，满眼红墙黄瓦青砖地，还有那数不清的汉白玉栏杆，真切体验到其庄严、宏伟、宽大。在一只巨大的鎏金铜质水缸前，两位姐姐伫立了很久，内心一定在猜想：这得要挑多少担的水，才能够将它装满呢？

游颐和园，先坐游船，泛舟湖上，水面波光粼粼，岸边垂柳轻扬，再漫步长廊楼榭，感叹万千。

我们还看了"鸟巢"。与其他的建筑不同，"鸟巢"充分体现了现代科技的运用，令人惊叹。

在回皖的高铁上，大姐依然坐在窗边。从京畿腹地到山东半岛，从苏北平原到皖南丘陵，大姐始终观看着窗外，一切依然是那么新鲜。当看到蚌埠附近还有人插秧时，大姐感到意外，因为自家早已采用抛秧了。

姐弟难得相处四五天的时间。每当回到旅馆而有闲暇时，我们总会想起已故的父母。父母健在时，唯一的出游是我和爱人带着年幼的儿子陪着他们上了一趟九华山，父亲尔后便英年早逝。母亲七十岁生日的那一天，她老人家亲自爬上了九华山的天台寺，在天台寺前，两位姐姐一左一右扶着母亲照了一张照片，这已经是十二年前的事了。

除此以外，关于父母的记忆，只有他们劳作的身影，而且渐渐模糊了。但我相信，今年初夏，他们的儿子陪着两位女儿上了北京城，他们一定会从心底里高兴的。

两位姐姐在天安门合影

2018-12-29

根

“不要问我从哪里来，我的故乡在远方……”

小时候，每当听到这悠扬而略显悲凉的歌时，我总是无数次问自己：我的祖籍在哪里，祖上的故乡在何方？那里的山川风貌美不美，那里的亲人生活过得怎么样？

求学后，走上工作岗位，接着便是成家，工作和生活重担在肩，越发匆忙。步入不惑之年以后，寻根的想法重新爬上心头。由于家父早逝，关于祖籍的渊源，只有片言只语萦绕脑海。依据母亲的讲述，从2001年春节起，我开始了寻访。

国有史载之，家有谱传之，可我的祖父是从江北推着一架木轮小车来的，到哪里才能寻到我的家谱呢？寻访近亲远房，翻阅书山文海，收集故事传说，遨游茫茫互联网。功夫不负有心人，2002年初得以与住桐城市内的族人建立联系，到这时才知道，祖籍地在桐城西乡。

桐城市开发区建设征地，涉及迁祖坟，我们族人开始走动。这一年夏天，我们游文都，拜文庙，走进了六尺巷，感受了数百年独领风骚的桐城派文脉，领略了龙眠山、境主庙水库的旖旎风光。原来祖宗生活在这样一个山川秀美、民风淳朴、文风鼎盛的好地方。

后来，在族人的帮助下，我终于寻到家谱的踪迹。经过两次拜访，得以拍摄卷首、卷末之影像；回家后，精心整理，打印装订成册，视为珍宝收藏。闲暇时研读，原来我族称高林汪氏，以“孝悌力田为根本，诗书忠厚为贻谋”，清人朱世珏赞曰：“汪洋千顷，氏永皖江。宗师孔孟，训凛陶唐。”

了解家史后，寻根的心情更加迫切。2005年后，我多次上网发帖，但发出的帖子似石沉大海，杳无音讯。直到今年仲秋，两年前的寻亲帖，被祖籍地的一位长辈发现，很快传来佳音，称他们正在续修宗谱，热切希望散居各地的高林汪氏子孙早日能把宗谱续上。紧接着，祖籍地族人来访，散居各地族人派代表赴桐城双港，参加新增题派评审大会，继而前往永上村汪家坂祭扫本支始祖坟茔，拜谒祠堂旧址。重阳节这一天，双港第一楼内，来自省内外的上下七代高林汪氏后人欢聚一堂，开怀畅饮，舒心交流。既有我们实现认祖归宗的喜悦，又有完善家族宗谱的欢畅，大家快乐的心情溢于言表。

我寻到了根，了却了心愿。作为高林汪氏子孙，我们要为家族争光，为国家做出更大的贡献。

儿子上大学时我们一家三口在六尺巷留影

2007-11-02

宗谱告竣感言

各位长辈、各位族人：

今天，我带着祖父的梦想、带着父亲的遗愿，更带着居住地三百多位族人的殷切期望，和堂弟一起，第三次来到我们高林汪氏起根发脉的地方，来请取和迎接族人心目中至高无上的宗谱。此时此刻，我的心情无比激动，万千感慨泉水般涌上心头，在此，请允许我将千言万语浓缩为“想、念、赞、颂”四个字。

想：畅想先祖由一人之身，而生千万人之身，繁衍为桐西望族。祖辈们出高林山、涉练水而遍布华夏大地，有无数精英远渡重洋，发芽生根在五湖四海，开花结果于异国他乡。岁月悠悠，七百春秋风雨更替；硕果累累，五万子嗣枝繁叶茂。

念：怀念我祖父八十年前离土别亲下江南，推着一架木轮小车，半边坐着我的祖母，半边裹着全部家当，今日花艳果丰终能认祖归宗，可以告慰在天之灵。

赞：赞美祖籍地山清水秀、民风淳朴，文风鼎盛、才人辈出，回桐城听乡音分外亲切，来双港寻祖迹如入家堂。

颂：颂扬宗谱七修理事会，历十载寒暑、跨千山万水、访千家万户、理百年家事，美誉名垂千代，功德万古流芳。

最后我们牢记家族遗训“孝悌力田为根本，诗书忠厚为贻谋”，与族人共勉！

2009-04-04

老师的一句话

1980年，我高考落榜后，想通过我的一位老师（这位老师先后教过我小学、初中、高中），找一份民办教师的工作。这位老师在深思熟虑后对我说了一句话：“再复读一年，你要拿这一年的时光，去争取一辈子的生活。”我在他的帮助下重新回到了课堂，三年后走上教师工作岗位。

我在旁听复读的时候，英语成绩一直不好，一度想放弃。我的英语老师在我的作业本中放了一张纸条，上面写着一句话：“佑宝，你各方面都很不错，继续努力，英语一定能学得很好的，你也一定会成功的！”并用笔名“青松”落款。是这位老师给我鼓励，使我信心倍增、动力不竭，最终高考成功。

1996年，全国推行计算机教育教学，我第一次接触计算机。电脑这种高科技产品，我读书时没学过，工作后没见过，无从下手，身边没有可供请教之师。还是我的那位老师，对我说：“操作电脑不难，别人既然能造出它，你一定能学会使用它。”在这一句话的激励下，在不到半年的时间里，我掌握了电脑的基本操作，我从一名化学老师成为一名信息技术老师。经过五六年的努力，我指导的学生参加电脑制作大赛，先后获得省级奖项，2002年初我取得了中学信息技术高级教师任职资格。

当然，也有产生负面作用的一句话。读小学时，我的一位老师无意间说：“文字只是一种符号，写字只是这种符号的表达方式，字写得好坏与掌握知识的多少，没有必然的关系。”当年我们班上同学的字，是没有一个能拿出来示人。

我通过自身的学习经历和工作经历，深感老师的言语，特别是学生心目中崇拜的老师的言语，对学生的求知与发展、开拓与创新有重要作用。有时，老师的一句话会影响学生的一生。

2007-07-23

我的老师是民师

我的小学老师和初中老师大多是民办教师（简称“民师”）。

1970年春，我上小学一年级，是在村旁的公社陶瓷厂厂房里，民师黄老师是我的启蒙老师。大约在三年级的时候，学校迁到本村村口，房子是村集体新建的，两大间土墙草房，在这里上到四年级。五年级开始到山泉大队中心小学，那时才见到夏老师和汪老师，后来才知道他们是公办教师。

1975年，在夏老师的争取下，山泉大队中心小学办起了初中班，于是我读初中。在这个从小学一年级到初中三年级的学校里，除去夏老师和汪老师两位公办教师外，其余的二十三人全部都是民办教师。这些民办教师，有的来自上海下放知青，如韩老师、肖老师；有的来自芜湖下放知青，如江老师、张老师；更多的是回乡知青，如徐老师、张老师、吴老师、汤老师、顾老师……他们有的是高中学历，有的是初中学历，还有个别的小学都没有毕业。

夏老师是校长，教我们地理课；徐老师语文水平高，教我们语文课，写得一手流利且独特的钢笔行书，兼班主任。多年后我发现，我没有得到徐老师行书的真传，却不知不觉字写得“龙飞凤舞”了。刚高中毕业的张老师，身兼初三数学、化学两门课，写得一手流利、规范而且清秀的粉笔字。张老师两门课的教学笔记，经常被我借来阅读，我从中受益颇丰。

在这个民师云集的初中里，我们开荒种地，开展劳动教育；敲石子、学手工车床制作家具组件，为校办工厂创收；组建文艺宣传队，经常去农村慰问演出。记得有一次赴安吉村演出，剧本是夏老师创作的，班主任徐老师会拉二胡、会全套锣鼓，我们还从公社拉来了舞台布景，社员们感到新奇，演出获得巨大成功，那晚，生产队拿出了最好的农产品——蚕豆、豌豆做菜招待我们。

教学上，老师们更是拿出了自己全部的看家本领，严格要求每一位学生，上好每一堂文化课，学好每一个知识点，经常开展校内各种学科竞赛，优胜者常获得书包、文具盒之类的奖品。每学年，都与本公社另外两所初中开展联考评比。

“功夫不负有心人”。1978年，我和张老师、汤老师一同参加中招考试，两位老师被南陵师范学校录取，我被南陵中学重点班录取。

新学期开学报到的第一天，我返回三里时，为了省钱搭便车，凑巧碰到了张老师。张老师一路带着我，从县城西门走到了化肥厂，等上车回到三里时天已大黑，我们简单吃过晚饭后，再陪着我到树园二伯家，以便第二天搭便车去学校。

初中毕业合影

刚到县城读书时，常常想家，我就经常去南陵师范学校找张老师。他那时吃团餐，却总为我另买一份饭菜，帮我改善伙食，还经常将家中带来的芝麻粉盛一碗给我。那种美味，直至今天我也无法忘怀。

后来，我回到家乡，与张老师一道在家乡基础教育战线上耕耘。我喊张老师为“亲老师”。

张老师曾经说，他当民师时水平有限，可能耽误了学生的前程，如果有更优秀的老师，我们这些学生可能发展得更好。我认为，如果没有他们这批无私奉献的民办教师，不可能有现在的我们，我们感谢他们，感谢所有的民办教师！

2021-01-17

在南陵中学读书的日子

1978年，我有幸进入南陵中学读书，成为第一届高中重点班（共2个班）的学生。

那时的南陵中学坐落在市桥河畔，校门内第一幢建筑就是大礼堂，紧挨礼堂的是西式建筑风格的郁青楼。校内有参天大树，如梧桐、水杉、广玉兰等。郁青楼前方有一口小池塘。四幢二层砖木结构的教学楼，坐北朝南，分列池塘左右。高一（1）班、（2）班教室就在东二幢一楼。

那时学校教育教学秩序刚刚恢复，根本来不及给学生安排住宿，我们这些来自农村的二十多名学生，投亲靠友到县城及周边地区暂住。我曾经在五里轮窑厂住了一个星期，在马山嘴钢铁厂住了两个月，后来在校领导的多方努力下，在大礼堂西大门内，用课桌架起一道挡风墙，外用芦席围遮，找来十余张破旧双人床，拉上两盏白炽灯，就这样，一个简易的学生宿舍装修完成，为我们二十来人免费提供住宿。

这对于我们来说，可是解决了大问题。家长不用整日担心孩子的安全，我们不用起早摸黑奔波于学校和暂住地之间。更重要的是，我们可以有充裕的时间，在教室里上早晚自习，而且还有老师辅导。真是干劲倍增。

在这简易的宿舍里，我们熬过了冰天雪地的寒冬，迎来了万物复苏的春天。到高二时，教室在东二楼的后面，靠近市桥河的平房里，学校为我们安排了新宿舍，新招收的学生也住了进来。

住在大礼堂隔成的简易宿舍里的这一段生活，深深地烙进我们这些学子心中，四十多年来，我们亲切地称它为人生起步的“摇篮”。

当时，许多农村人为了送孩子进县城读书，将家中的油坛盐罐全部倒出来了，孩子的生活补给只得靠实物。背米带菜来上学是正常事，而且是每周必须完成。为了节省车费，不少同学步行于县城和家之间，往返一次上百里。一根萝卜条一顿饭，一瓶咸菜一星期，一坛豆腐乳吃上一两个月，吃完了还得把瓶子坛子背回家，因为下次还要用。早上用冷水洗脸，晚上才冲一瓶开水，既要喝又要用。家中带不全盖被和垫被的，就两两合床而卧，共同御寒。

虽然物质生活艰苦，学习却是充实的。我们按时上课，专心听讲，准时参加自习，即使没有老师上堂辅导，也没有人偷懒，更没有人缺课。大众电影院离学校一步之遥，一张票售一角钱，可是谁也没有空跨进电影院大门一步。

互帮互助是这个摇篮里的传统美德：一人带的菜不够，大家周济着吃；哪天饭票吃完了，借他人的来用；有人发烧生病，大家都来嘘寒问暖，帮着送医买药。

南陵中学旧照

比学赶超更是这个摇篮的品质风貌：谁在学习上遇到难题，大家共同探讨，为了一个观点往往各抒己见，有时争得面红耳赤，最终共同提高。我们不比吃喝穿戴，只比刻苦用功。

在这个摇篮里，一道道难关被攻克，一个个信心在树立，一点点希望在放飞。四十多年过去了，我时常回想起这些美好的时光。

2019-11-18

那年高考落榜时

恢复高考给了我进入南陵中学重点班的机会。我的第一次高考却给了我当头一盆冷水。

1980年8月5日，当时高考成绩早已公布，我没有得到任何消息，就赶到学校，班主任江老师告诉我："可能是临场发挥失常的原因，你和班上的几位同学没有考好，连中专也上不了。就目前情况来看，学校可能不接收旁听生，想复读得想办法。"

高考落榜，旁听无望，我心灰意冷，不知是怎么从市桥河畔的南中校园走到西门口，也不知在西门口待了多长时间。依稀记得大半下午了，水闸表姐夫开着大队的拖拉机，装了满满一挂斗的门窗，从三里方向而来，拦停下来后，说是去繁昌峨桥送货。懵懂中，我坚决要求："你就带我一起去吧，晚上再跟你回家。高考没考上，又不准旁听，这一回去，可能就很难再出来了。"他只好捎上我。

当时是和白云大队林场的一位押车的吴姓会计，蜗牛般坐在由一组门框构成的门洞里。摇摇晃晃，吱吱呀呀，从西门口经麻桥到繁昌县城，再由湾子店上小路，沿宁铜铁路往峨桥进发。到达峨桥集镇时，已是漆黑，卸完货吃饭，吃的是面，还有几个皮蛋。

从峨桥返回时，已是夜里10点多钟。去时是重载，不觉得颠簸，回来时是空车，外加灯光不够亮，车头左右晃，双手要扶着，一刻也不能松懈，挪到后面挂斗里，有时会猛颠。遇到一堆稻草，拿来装进挂斗里，坐在上面，还是不行，真是站立不稳坐卧不得，只能坚持到底。回到三里时，已过夜里12点，还得跟着拖拉机前往小院子的二姐家。二姐、二姐夫知道我落榜了。

第二天早晨，我往家里赶，当从广义山头往老叶冲方向下坡时，远远看见父亲、母亲正在一块名叫牛角田的水田里收割早稻。父亲脚踩打稻机踏板，手持整束稻谷的禾秆，在飞转的带齿木轮上转动，母亲和二弟来回地抱着“稻铺子”。

父母的苦做苦累，自己的孜孜以求，难道就这样付诸东流？容不得多想，我还是先干起“双抢”来。于是，打稻插秧，抢种抢收，在苦闷、忧愁、彷徨中，我度过了那年的中秋。

后来，在父母的坚决支持下，在恩师“雨润”先生的帮助下，于当年9月30日，我到三里中学插班旁听，终于在一年后考上了芜湖师范专科学校。

细数起来，自那年高考落榜已经过去了三十七个年头，我的满头乌发早已谢了顶。我想，如果没有高考，没有复读，肯定就没有我几十年的执教生涯。从穷乡僻壤走出来的我，之所以改变了我的命运，要感谢高考，感谢复读。

我与高中同学

2017-06-07

菱 角

菱角，古时叫“菱”，又称水栗子、水花生。

春天，在家乡的池塘中，上一年没有采尽的菱角生根发芽，迅速长出水面，其茎为紫红色，叶子大多呈三角形，平铺在水面上。

夏天，是菱角生长最旺盛的季节。要是水面较小，水中营养充足的话，菱角菜便相互挤推凸出水面，其间开满鲜艳的黄色小花。如果池塘还种有莲藕的话，这时的池塘便是一幅彩色的立体画。

夏末秋初，菱角渐渐成熟，果皮由青绿变红，最后变成褐色。新结的菱角生吃时嫩、甜、脆，长成的菱角熟食则粉、香、腴。今年新鲜的菱角快要上市了。

孩子曾经问我：“菱角有几个角？”

从小到大，在家乡，我吃过无数的菱角，头一个角，尾一个角，当中两个角，我以为天下的菱角都是这样的四只角。

可是有一天，当我读到秦牧的散文《菱角的喜剧》的，作者小时候就唱“菱角儿，两头尖”，他一直以为天下的菱角都是两只角。后来，他惊讶地发现，广西的菱角有三只角，重庆的菱角有四只角，嘉兴还有一种没有角的圆菱角。角数虽然不等，但都是菱角，其味道基本相同。

我们一边吃着家乡的菱角，一边说着趣事，其乐无穷。

2007-05-21

博　客

去年春天，在十来篇“豆腐干”变成铅字后，我萌生了建立一处心灵港湾的想法，寻寻觅觅，最终驻足于博客。

一年多来，工作之余，我一直“耕耘”我的博客。一幅满意的图片，首先上传到空间相册，然后再发往经常光顾的论坛里；一段心灵上的感悟，总是第一次出现在博客的首页里。图片是我亲手照的，文字是我亲手敲的，乐着去做，做中取乐，乐此不疲。

我的博友大多年龄相仿，情趣相投。他们关注我的博客，给予文字上的肯定、精神上的支持。如丹丹（清韵）、红尘、荫子、婉约、紫雨、荷风清音……我的每一篇博文都得到鼓励性评价，可以说，是他们牵着我也是伴着我一路走来。每当我走进他们的博客时，我就获得一次次精神上的享受，既能品读到行云流水的文字，又能欣赏到精美绝伦的图片，我既能感到心旷神怡，亦可领悟人生真谛。我们彼此不曾谋面，不知姓甚名谁，甚至不知道究竟是男是女，也许近在咫尺，也许远隔千山万水，然而相互关注，真情流露，无比珍贵。

博客，这个免费的网络空间，累了可以进来歇歇，烦了可以进来逛逛，可以常来坐坐，聊聊自己，谈谈人生。

2007-05-08

登黄山

一九八七年，我二十五岁，首次登上黄山。一九九二年，我第一次登上天都峰。今年，有幸第三次由南向北纵越黄山景区，再次领略黄山胜景。前两次游览黄山时体力旺盛，白天的劳累只需休息一夜便可消去，下山时坐索道。这次虽说同样是一日游，可毕竟有了很大的差异：一是年近五十；二是全程徒步；三是下肢受过伤。但是，这次我又登上了天都峰，还踩过了“鲫鱼背”。40多华里的山路，有的险峻陡峭，有的弯曲狭窄，奇松、怪石、云海尽收眼底。扶索而下，我思绪万千。

一九七八年，我考入县一中重点班，继而登上三尺讲台，十年时间当上单位“一把手”，不可谓不顺，于是乎飘飘然。二〇〇四年初夏，我骑车摔倒，造成左大腿骨折，先安装了钢板螺栓，6个月后植入髓内钛钉，到取钉之时，已经熬了22个多月660多天，不可谓不逆，而且工作上调离了原先职务，似乎一夜间回到了起点。

在腿部恢复的日子里，我拄着拐杖照常上下班、参加各种会议，出现在相关培训场所；也拄着拐杖登上庐山、乐山、峨眉山；还拄着拐杖从韶山冲出发，走过十里金鞭溪，登上张家界的黄石寨和天子山。曾经有人对我说，要是他受了伤必须拄着拐杖的话，可能会因觉得丢脸，自家的大门一次也不出了；也有人对我说，要是他一夜间“成为庶人”，绝不会像我一样，再次站到毕业班的讲台上。这些别人认为不可能的事，在我这都成为可能，成为现实。就像这次上黄山一样，在一天的时间内，我翻越了天都峰，徒步走完了黄山景区南北纵向全程，身心愉悦。

人生好比登山，有上坡就有下坎。世上没有过不了的坎，一步一个脚印，就一定能够跨越它。

黄山留影

2008-04-07

傻事不傻

今天读到一篇文章，说是北京王府井大街上有一位修钢笔的老人，在这寸土寸金的地上，拥有一间自己的铺面，经营的是修理钢笔，生意惨淡，月收入仅有两千元。有人劝他："把铺面租了，每月租金就有五千元以上，自己还省心省力，为什么非要自己经营呢？"

老人回答："我不是傻子，这一点明白账我还能不知道吗？可我如今干的事，不仅是经营生意，同时是在经营我自己。每月少了三千元收入，并不影响我的生活质量。假如把它租出去，我闲下来没事干，或者干我不喜欢的事，我会受不了的。我活了七十多岁，知道自己最需要啥，能够成为全北京城唯一修钢笔的铺面，能为那么多喜爱钢笔的人服务，这比我一个月多挣几千元重要得多。经营这生意，就是经营我自己，更是经营我的人生，我乐意。"

多么值得敬仰的老人，多么值得敬佩的敬业精神——把经营生意当作是经营人生。

在我的老家，有一位七十多岁的老太太，十几年来，每年都在自己的房前屋后种植扫把草，秋天收获后，自己动手扎成扫把，然后挑着上街出售。她经常念叨一句话："八十岁老太太砍黄蒿，一日不死一日要烧。"她缺钱吗？不！她的子女生活得都很好，接她到城里她总是住不习惯，她就愿意这样生活。

今年到乌镇旅游，一处小巷中，酒香四溢，一位七十来岁的老大爷，戴着老花眼镜，手拈针线，麻利、娴熟地做着蓝色印花布鞋。那种聚精会神，那种怡然自得，给我留下了深刻的印象。

据报道，汶川地震过后，有一位农家乐经营者，坚持每天三餐向受灾群众免费提供饭菜，使很多无家可归的人，找到了家的感觉。这种经营是全赔的，却是高尚的。

自己认准的事，自己坚定地做下去，自己经营好自己的生活，别人说傻又何妨？

2009-10-12

收音机

收音机，有人叫它半导体，有人称它为话匣子。它将广播电台发射的无线电波，经过调谐接收后再进行功率放大，通过扬声器传向四面八方。

记得二十世纪七十年代中期，收音机刚刚出现在县城百货公司的柜台上，我们生产队有位年轻人想方设法凑了钱，请半天假去县城买回一台。傍晚收工后，整个村庄的大人小孩，全部赶集般涌到他家，里三层外三层，将堂屋中央摆放着收音机的八仙桌围得水泄不通。人们欢声笑语，喜笑颜开，真比过节还热闹。主人轻轻转动旋扭打开收音机时，屋里屋外的人屏住呼吸，竖起耳朵，聆听着话匣子里发出的洪亮的声音。

我那时刚刚读初中，对一切充满好奇。晚上怎么也睡不着，心想，我要是能够拥有一台就好了，我就可以打开它看一看，那样小的匣子里，为什么能发出那么多各种各样的声音。读高中时，父亲终于买了一台晶体管收音机，花了全家大半年的积蓄。那种高兴劲头，无法用语言描述，有了它才知道什么叫爱不释手，甚至我白天上学都想带着它，到了夜晚，常常伴我进入梦乡。那时最时髦的，就是跟着收音机学习《英语九百句》，每天的播放时间是一分钟也不会耽搁。不过，刘兰芳的评书《岳飞传》《杨家将》也是一回不落地全部听完了。

进入二十世纪八十年代，体积逐渐变小、价格逐渐降低的收音机，走进了千家万户。收音机的发展经历了电子管、晶体管、集成电路几个时代，随后附加录音、扩音功能。如今，随着家庭影院、数字电视、微型计算机的普及，话匣子早已淡出了人们的生活。

收音机从稀缺到普及再到退出历史舞台，见证了人们生活水平的提高，反映出我们国家的迅速发展。

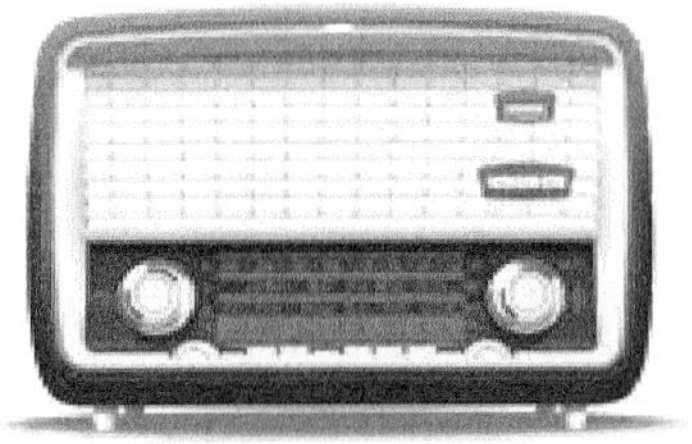

收音机

2008-01-15

“奶奶班主任”

在我们学校，有这样一位老师，她叫方真珍，现任九年级一班班主任，将于今年五月退休。她工作细心扎实，师生关系融洽，大家亲切地称呼她为“奶奶班主任”。

方老师出生于二十世纪五十年代初，是南陵中学“老三届”学生，回乡后任民办教师。1977年考入师范院校，毕业后一直从事基础教育工作。从教书的那一刻起，方老师对教育事业充满着热爱，对学生有着慈母般的关怀。从小学教到中学，从文科教到理科，从文化课教到劳动技术课，三十多年来，已数不清方老师担任了多少年班主任，送走了多少届毕业生。

二〇〇四年九月，她主动向学校请缨，自愿担起毕业年级慢班的管理重任。从开学的第一天起，她逐个走访全班同学的家，与每一位同学促膝谈心，帮助他们找差距，分析落后的原因，寻找他们身上的闪光点，鼓励他们一点一点地向前迈进。一学期下来，班级面貌发生了巨大的变化，班风学风彻底好转，学生的成绩一步一步提高，学生自尊心、自信心倍增。到了毕业时，不少学生流着眼泪离开学校，他们说：“要是一进学校就是方老师当班主任就好了，真想一直留在她身边做她的学生。”

二〇〇五年九月，离退休不到十个月的她，再次主动担任新一轮毕业年级慢班的班主任。她说：“要站好最后一班岗，要给学校、给青年老师留下一个好形象，为自己近四十年的从教生涯画上圆满的句号。”

她就是这样做的。身体力行，率先垂范。即使刮风下雨、天寒地冻，她都坚持与学生一同到校进班，一道放学回家，就连身体抱恙也从不迟到早退。学校日常琐事或重大活动，她总是带领全班学生主动参与。其他老师上课，她经常在教室外巡望，观察学生听课情况；学生上操锻炼，她同时出现在操场上；学生生病住院，她陪护在病房。是严师，是朋友，更胜似学生亲娘。上一届学生谢池州，自破蒙读书起父母就在外地打工，从小学到中学一直独立生活，可谓“进门一盏灯，出门一把锁”，这样的生活让他养成了孤僻任性、心胸狭隘的性格。要转变他，只有爱才能做到。方老师对他是严格的，但处处充满着爱，事事渗透着爱。

有一次，谢池州得了重感冒，无精打采地伏在桌子上。方老师走过去，一摸额头，发烫，立即安排他到自己的办公桌旁休息，同时打电话找医生，一量体温39.8℃，必须打针或输液。但这孩子从未吊过水，特怕打针，医生怎么说他都不肯。方教师急了，一把抱住孩子的头，埋在自己的怀里，叫他闭上自己的眼睛，关切地说：“你是勇敢的孩子，有老师在你不用怕，你就像躺在奶奶的怀里。”就这样，一直坚持吊完了水，待他抬起头时，我正好来探视，看见他两眼竟然含满了泪水。

转化“两有”，细致入微。在日常教育教学中，方老师细心观察班上每位学生的心理变化，关注每位学生的言行举止，特别是对学习有困难、思想有偏差的“两有生”，总是给他们以鼓励，给他们以希望。以德为先，让学生充分讨论，制定切实可行的、易操作的德育考核办法，月月考核，期末考评；并积极开展青少年志愿者活动，发挥学生的特长。对学生的每一步微小的进步，及时给予言语肯定和物质奖赏，发奖时既有学习用具又有生活用品，学生特别乐意接受。方老师经常深入学生内心，谈心鼓励，开展教育转化工作，有时面对面，有时采取书信往来的方式，因此学生都愿意跟她谈心交流。课余时，学生总是称她为“奶奶班主任”。

班上有一位学生，元旦前给方老师写了一封长长的信，信中说："我好比一个溺水者，老师的安慰鼓励是我的救生圈，不仅救我脱离水域，更挽救了一颗失望的心。现在的我不再忧虑与自卑，努力学习就一定有希望，即使中考名落孙山，但我的心仍积极向上，继续努力学习，因为我对未来充满希望。"

诚心相待，真心回报。二〇〇五年，方老师被评为"芜湖市优秀班主任"，这激励她更加努力地工作。她曾感慨："教师难当，我这一生做的就是教师工作；班主任难做，我一直做到了退休。几十年的从教经历告诉我，最能体现出教书育人乐趣的，就是做一个好的班主任，如果时光倒退二十年，我一定会把班主任工作做得更出色。"

2006-01-08

第三编

深圳湾大桥

云南小石林

岳阳楼(湖南)

双桥清音(峨眉山)

梦里老家(我的出生地)

南洋街景(马来西亚)

石林留影(云南)

鲶鱼地的传说

南陵县何湾镇有个前官村，离镇政府约有四华里。站在村北的牛头山上，村部驻地一览无余。七星河绕村由东北向南蜿蜒注入青通河。源自西北面楠木塘水库的涓涓小溪，于远处汇入七星河。稍近处，一片突起的矮土墩，外貌酷似鲶鱼形，人称“鲶鱼地”。村中的那株老黄栎，老人们记忆中就是那么高大挺拔。

这里远离喧闹，仿佛世外桃源。就是这样一个山清水秀、民风淳朴的宜居地，流传着一个关于鲶鱼精的传说。

很久很久以前，七星河下游的青通河里，有一个洞，洞里住着一群来自东海龙宫的鲶鱼精。鲶鱼精们经常出来危害当地的老百姓，于是土地爷要请神仙，捉拿它们回天庭治罪。消息被老鲶鱼精知道后，它让一只小鲶鱼精，沿着青通河、七星河向上逃往楠木塘水库，再经那里的龙王洞逃回东海龙宫。

小鲶鱼精游啊游，游了七七四十九天，游到村西的小溪中，溪流太窄，水量不足，这只小鲶鱼精搁浅了。这只鲶鱼精年龄不大，道行不深，但是有些法力，在这里兴风作浪，造成山洪暴发、年年水灾。溪边的庄稼，被洪水冲得颗粒不收；村里的房屋，被风吹得墙倒梁塌。百姓被害得家破人亡，民不聊生。

村中的族长七太公，历经千辛万苦，奔波千百里，终于请来了“铁拐李”。“铁拐李”用九颗念珠降服了这只小鲶鱼精，并把各家各户的铁锅、锄头融在一起，炼成了铁链子，将小鲶鱼精牢牢锁在小溪中。为了防止它逃脱，还将小溪上游的村子张家庄更名为“张家垄”，罩住小鲶鱼精而切断前路；在下游建起“稻草湖”，缠住小鲶鱼精从而截断退路。

不知过了多少年，小溪逐渐改了道，早已死去的小鲶鱼精，慢慢变成了一堆泥土。再后来，人们渐渐发现，那土堆越来越像鲶鱼的形状，于是人们就把它叫作“鲶鱼地”。

2014-03-10

如水父子双匾记

南陵县工山镇八都何村，上了年纪的老人都记得，村中何氏祠堂正厅中曾经挂着两块匾：一块举人匾，一块神童匾，纪念的是清代同治年间的举人何忠芝及其神童儿子何兆煌，人称“父子匾”，这是当地人的骄傲。

两县举人何忠芝

何忠芝，字如水，号一清，同治丁卯科补咸丰辛酉科举人，授文职“文林郎”。其祖居繁昌，何忠芝迁居南陵八都何，故称“两县举人”。何忠芝自幼好学，诗文俱佳，才德双全，其诗文载于民国版《南陵县志》。

当年，何忠芝参加乡试后，回家帮父母下田干活。官差前来报喜，问路正好问到了在田里劳作的何忠芝。何忠芝多指了一些路，自己抄近路赶回家，洗净脚上的泥土，穿戴整齐，立在门前，恭迎官差。

何忠芝的学生詹培基有诗赞曰：

诗礼传家，文章华国。
才冠陵阳，德周民物。
夸耀乡邦，裕光宗族。
千古仪型，一时准鹄。

八都神童何兆煌

何兆煌生于光绪年间，自幼受父亲何忠芝的熏陶，文思极其敏捷。何兆煌七八岁时，父亲在家里当先生教学生。有一天父亲要外出，就要求学生每人写一篇文章。何兆煌与这些学生尽情玩耍，大家忘了时辰，猛然想起时间快到了，先生要回来了，学生们大叫这可完了，要挨先生板子了。何兆煌说不急，一口气代写了数篇，每个学生一篇。先生回来一看，这些文章都不错，应该不是学生能写得出来的。再问家中今日有没有外人来，夫人说没有，于是判断必是儿子所为，脸上不快，但是心中甚是高兴。

何兆煌十二岁参加乡试，考完试回到家，父亲问他考得怎么样，他说："考了'第一'，但是把这个'第一'给卖了。"父亲有些责备，他回答说："这有什么，看今年的考题难度不大，明年再考也没问题。"第二年，他真考了"第一"。

何兆煌神童美誉传开了，官员逐级上报，皇上赐挂神童匾。

2014-03-12

查　济

查济古村落，位于泾县西南，紧靠太平湖，与黄山接壤，与九华山毗连，处于“两山一湖”金三角区域。

查济村有四门（钟秀门、平岭门、巴山门、石门）、二塔（青山塔、如松塔），三水（岑河、许河、石河）合一，穿村而过，河上架有平桥、拱桥、洞桥若干。以元、明、清三代古民居为主的建筑有一百四十多处，其中桥梁四十多座，祠堂三十座，庙宇四座。元代建造的“德公厅屋”，位于村中水郎巷，三层门楼，厅内前檐较低，檐柱楠木质，粗矮浑圆，柱础为覆盘式，无雕琢。明代的“涌清堂”“进士门”，雕刻细腻，结构精致。这些古建筑都保存极好。

查济古建筑群特色鲜明，有诗为证：

十里查村九里烟，三溪汇流万户间。
寺庙亭台塔影下，小桥流水杏花天。

现在的查济村，规模大，布局零散，似乎不曾整体规划过，像迷宫一般，数不清的巷子让人不知身在何处，总觉得这里已经走过了，但巷子处处相通，七弯八拐终有出口。脚下清一色的石板路，被踩磨得溜光锃亮。街面临河的道路比较宽阔，路的中间用条石相连，这是官道。条石的两旁用乱石铺就，是随行及百姓通行的地方，这是民道。走走官道，走走民道，令人感慨万千。

查济村古民居鳞次栉比，屋瓦黝黑，浅灰的马头墙连成一片。绿藤爬过东墙西院，遮蔽幽深小巷，垂吊着一只只硕果。大部分房子仍住着人，可以串门，随意进入，主人微笑着，并不过多关注。

古宅门框均为花岗石，屋内进深和开间都很大，有“一”字形或“四”字形天井，窗少但多在高处，采光通风良好。墙裙、柱础、窗棂和门楣上，都有精美的雕饰，人物鸟兽栩栩如生，山水花卉雅致，人文气息浓厚。“二甲祠”里集中展示飞檐木雕、柱础石雕、门头砖雕这“三雕”；接待站内两根长丈许、截面一尺见方的石质横梁，质地似玉，雕刻精妙，实在令人惊叹。

查济村里，农妇在溪水中洗浣，鸡犬在小巷中慢步，安静恬淡，就像一位熟睡的老人。我们不敢大声讲话，悄悄地来，静静地去，心中装满宁静。

查济就是查济。

查　济

2008-07-28

千岛湖

“湖走洞庭阔，水入新安清。”千岛湖，位于杭州西郊，是二十世纪五十年代修建新安江水电站时，蓄水而成的高山人工湖泊。

千岛湖既似太湖的烟波浩渺，又有西湖的娟秀气韵。千岛湖约长150公里，最宽的地方有10余公里，最深处达100米。正常水位情况下，面积约580平方公里，常见岛屿398个，大中岛屿1078个，因而得名千岛湖。它以群山巍峨叠翠、湖水清澈如镜、岛屿形态奇特而著称。

“船在湖中走，人在画中游。”这是游玩千岛湖的真切体会。我们一大早乘坐大江南号游艇，湖面宽阔，凉风习习，水纹向两边荡漾，浪花飞起，阳光下似千万颗璀璨的钻石在湖面跳跃，两岸岛屿缓缓后退。

不知不觉中，我们来到了湖区岛屿中的最高峰——梅峰脚下。拾级而上，登临观景台，映入眼帘的是一幅美轮美奂的绝妙山水画：极目远眺，湖面碧波万顷，如山、似船的小岛，就像一块块半浸在湖水中的碧玉，疏密相间地镶嵌着，似万舟待发，又似百舸争流；近处细瞧，树木葱茏，植被茂密，湖水不是绿不是蓝，又似绿似蓝，岛屿与湖水相接处的“金腰带”，将一个个小岛装扮得金光闪闪，熠熠生辉。置身其间，如步入仙境，令人流连忘返。

下一个景点是五龙岛。五龙岛由中心岛、鸟岛、锁岛组成，岛与岛之间，由状元桥、幸运舟桥、鱼乐桥相连接。

这里风景真好。在波光潋滟的湖面上，游船和渔船交错而过。长虹般的状元桥，玉带似的幸运舟桥，遥相呼应。在鱼乐桥，我们看到成千上万条红鲤鱼。观鱼池与千岛湖相通，池里是千岛湖的活水，实际上，这些红鲤鱼就生长在千岛湖里。游人一走近，鱼儿就争先恐后地游过来，形成了一股股红色潮流，你朝前走，它们紧紧跟上来，有时候拍拍手，就能引来成群的红鲤鱼，真是人鱼同乐。

在锁岛，我们仿佛走进了锁的博物馆。从寓意上分类，有爱情锁、吉祥锁、友谊锁和连心锁；从材质上分类，有铁锁、铜锁和银锁；从外观上分类，有方形锁和长形锁；等等。有两把巨大的锁，特别引人注目：一把是开心锁，大到一般人无法打开它；一把平安锁，据说是目前世界上最大的锁。人们在这里锁上一把锁，就是期盼着锁住友谊，锁住爱情，锁住健康，锁住平安，锁住开心，锁住幸福，锁住一切美好的东西。

返航的时候，不得不与千岛湖说再见，但我相信，我会“再见”千岛湖的！

千岛湖

2009-3-27

大明山

大明山距黄山70公里，海拔1490米。山巅平坦，广达千亩，别名“千亩田”。相传唐宣宗微服私访，隐居于此，赋诗一首：

穿山透石不辞劳，地远方知山处高。
溪涧岂能留得住，终归大海作波涛。

又传说朱元璋起义，兵败至此，见一巨石，平坦如榻，便在石上常卧，后来朱元璋一统江山，建立大明王朝，因此该石称为“天子石”，此山称为“大明山”。

大明山拥有32座奇峰，13处幽洞，8条飞瀑，3个高山草原……集奇峰、幽峡、群瀑、草甸、林海之大成，奇松、怪石蔚然壮观，令人赏心悦目。

大明山有“明妃七峰”，名为广袖、湘愁、玉筝、羞月、霜冷、剑媚、落雁。雨雾相拥，便泼墨成画；艳阳当空，则立柱擎天。南侧几座1400米以上高峰，及三处1100米以上的高山盆地，由变质砂页岩及变质火山岩组成，山形平缓，林木葱葱，水草丰盛，流水清清，长年不断，竟然有“天苍苍、野茫茫，风吹草低见牛羊”的意境。溪水在高山盆地中轻轻流淌，流到龙门口附近时，遇到宽不足三十米的花岗岩山口，一进入花岗岩区，溪水飞流直下，形成千姿百态的飞瀑，自上而下依次为剑池瀑、玉笏瀑、白蛇瀑、三龙戏珠瀑，瀑间有潭，潭下又生瀑。

大明山的奇松，不加任何修饰，千姿百态，争妍斗艳。大明山的巨石，更是千奇百怪：一尊“和尚取经”，似一位披着袈裟的老和尚，朝着西天，在翻山越岭；一尊“金蟾望月”，似一只千吨重的金蟾，坐在山顶望着日月星辰，然而，换个角度，千吨金蟾变成千年石猴；从龙门口北行，一只大石龟跃然眼前，走近细看，大石龟变成昂首的海豹，再退后看，海豹变成鲸鱼，这就是奇石“龟豹鲸”。此外，“凤凰蛋”“玲珑石”“大盆景”“双桃石”“鸡冠石”，造型各异，惟妙惟肖。

走进大明山，才知道大明山的确名不虚传。

东南秀色

2009-03-14

有梦下徽州

天下美景数江南，江南美景数徽州。徽州的山，徽州的水，徽州的古屋民居，别有神韵。

烟花三月，此次徽州之行第一站就是花山谜窟。

花山谜窟位于新安江屯溪段，下游南岸约5平方公里的连绵低山中，大小石窟有36处，内壁上人工凿痕清晰可辨。洞内空间特别大，洞中有洞。洞中既无壁画，又无佛像，更无文字。开采的大量石料，运往哪里，用于何处？如此众多的石窟，它的作用是什么，为什么不见于史籍或传说。谜团丛生，令人猜测。

中午品尝特色徽菜毛豆腐和臭鳜鱼后，立马赶往下一站——宏村古民居。

宏村原名弘村，位于黟县东北部，村庄始建于南宋绍兴年间。村子呈“牛”型结构，被誉为“中国画里的乡村”。走入宏村，映入眼帘的首先是南湖，湖边古树参天，砌石立岸，远山近宅倒映湖中，不时游来三两只麻鸭，激起圈圈涟漪。宏村的古民居，以正街为中心，层楼叠院，路面用一色青石板铺就，下面流水淙淙，既解决生活用水，又调节村中气温，还使得鱼虾肥壮、花木浓香。宽窄不一的幽深小巷，蜿蜒曲折，纵横交错。两旁的民居，多为二进，马头墙层层堆叠，门楼、额枋、雀替、斗拱，基石上的砖雕、木雕、石雕，姿态各异，栩栩如生，精雕重彩至极，有“民间故宫”之美誉。

游兴未尽，我们奔向第三个景点——夹溪河漂流。时间渐晚，我们穿上救生衣，换鞋子，两人一组，乘上皮划筏，顺流而下，一下子从历史回到大自然之中，既有激流冲浪的惊险刺激，又有平湖荡舟的悠闲自得，那山，那水，那石，那竹海，那茶园，深深地映入我们的脑海，使人乐不思归。正是：

两岸美景收眼底，一生有梦下徽州。

画里画外（宏村南湖）

2007-04-15

东坡与西湖

苏东坡与三座西湖有不解之缘。

杭州西湖

苏东坡在杭州，有过两次任职经历。

第一次是公元1071年，苏东坡任杭州通判，那时的西湖还叫钱塘湖。公元1073年夏，苏东坡乘船在西湖游玩，原本还是水光潋滟，晴空万里，突然远处飘来一片云，天空开始下起雨，瞬间山色空蒙，如幻如梦。苏东坡灵感顿生，挥毫运笔：

水光潋滟晴方好，山色空蒙雨亦奇。
欲把西湖比西子，淡妆浓抹总相宜。

从此，西湖就有了“西子湖”的美名。

公元1074年，苏东坡被委任密州知州，从而离开了杭州。此后，他时常想念杭州，也想念西湖，以至于在贬居黄州时，在梦中回到了西子湖畔：

予在黄州，梦至西湖上，梦中亦知其为梦也。

公元1089年，苏东坡以“龙图阁学士”身份出任杭州知州，再次回到日思夜想的西湖。

但是，眼前的西湖令他大失所望。由于长时间疏于治理，湖面淤塞，杂草丛生，处处沼泽，水光潋滟早已无迹可寻，山色空蒙也非往昔。面对如此衰败的景色，苏东坡痛心疾首，向朝廷上《乞开杭州西湖状》奏章，请示整治西湖，具体方法是：撤除西湖中心私自圈围的土地，岸边浅滩种植菱藕，收益用于西湖治理；在全湖最深处，立起三座石塔，明令三座石塔内水域禁种禁养，防止湖底淤塞，这便形成了今天的“三潭印月”。

当时湖底挖出大量的淤泥而没法处理时，苏东坡决定变废为宝，用这些淤泥堆起一座连通西湖南北、约三公里的长长大堤。在堤上又修了六座石桥、六座凉亭，以沟通东西湖之间的湖水。在长堤上还种植了杨柳、杏、桃等树木，春暖花开时游人如织，这便是“苏堤春晓”。苏东坡用智慧和实干精神，使西湖重新焕发生机。

西湖激发了苏东坡的文学才思，他留下了脍炙人口的千古诗篇，西湖可谓文学之湖。在西湖，他认识了红颜知己王朝云，对他而言，西湖又是爱情之湖。

杭州西湖

颍州西湖

公元1071年，苏东坡的恩师欧阳修致仕退休，定居安徽颍上西湖之畔。同年，苏东坡被委任杭州通判，第一次赴杭州，携弟苏辙上任，途中路过颍州，拜望恩师，和恩师泛舟湖上，饮酒作诗，过得惬意。此情此景，让苏东坡萌生将来能来颍州做官，再和西湖相约的愿望。

果真，公元1091年八月，苏东坡以知州身份再次来到颍州。九月十五日之夜，苏东坡邀请颍州好朋友，在这个西湖上雅聚，月光如水，琴声悠扬，东坡自然而然想到了恩师，想到了二十年前和恩师在这个西湖上的雅聚，面对着如此良辰美景，挥笔写下了著名的《颍州西湖月夜泛舟听琴》诗。

在颍州任上，苏东坡调研实地勘察淮河、颍河水利治理情况，奏请朝廷停止劳民伤财、得不偿失的“八丈沟”工程。获得朝廷恩准后，申请留下一万民工，疏浚颍河，彻底治理颍州西湖。当时，苏东坡带领属下赵令畤等人，亲自制订规划，并在西湖现场主持工作。

公元1092年正月，苏东坡接到新的任命，赴郓州任知州，虽然离开了颍州，但是心里一直牵挂着颍州西湖的治理工程，一直到工程顺利完工。

颍州西湖历史悠久，特别是欧阳修、苏东坡等任职颍州后，颍州西湖被他们融进了自己的诗词文章中，随着他们的生花妙笔而声名远扬，颍州西湖成了文化之湖。同时，颍州西湖也倾注了苏东坡对恩师欧阳修的思念，也是友情之湖。

颍州西湖

惠州西湖

王安石变法后，苏东坡受到了排挤，被贬惠州。惠州本属岭南蛮荒之地，苏东坡来到后，发现这个地方物产丰富、气候宜人，尤其是民风淳朴。苏东坡一上任，便受到当地老百姓的夹道欢迎，地方官员对其也是嘘寒问暖、热情招待。

北宋时期的惠州城虽然不大，但是景色优美，尤其让苏东坡意外的是，在这个惠州城的西侧，竟然有一汪美丽的湖水，也称西湖。

苏东坡时刻关心百姓的疾苦。惠州西湖上，原先有一座长桥，年久失修，破败不堪，给两岸老百姓的交通带来许多不便。苏东坡积极倡议修堤造桥。当时他手头拮据，就把官服上的那个“犀带”捐了出来。在苏东坡的倡导下，这个堤桥很快就建成了。为了庆贺堤桥落成，据说惠州城里的男女老少一连喝了三天酒，甚至为了办好酒席，有两个村庄主动献出了鸡。

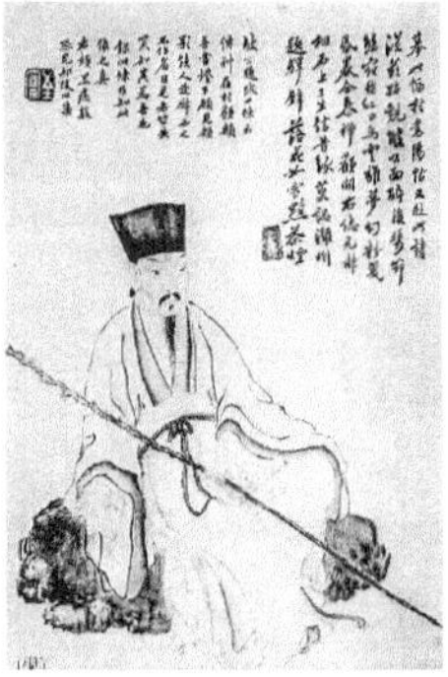

东坡画像

苏东坡在惠州住了三年，他和地方官员相处融洽，和老百姓像是一家人。苏东坡准备定居岭南，公元1097年，他搬进了新落成的白鹤峰居住。在这个时期，他心情舒畅，留下了大量的诗词墨迹，比较有名的如《归去来兮辞》《三马图赞》等。他的爱妾王朝云病逝于惠州，葬在了西湖边，惠州西湖又称爱情之湖。

惠州西湖

2021-02-05

王勃与滕王阁

王勃，字子安，初唐四杰之一。王勃生于唐高宗永徽元年（公元650年）。唐高宗上元二年（公元675年），王勃路过南昌，正赶上都督阎伯屿新修滕王阁成，重阳日在滕王阁大宴宾客，欲作序刻碑以记。王勃不好辞让，挥笔而就。第二年，王勃不幸溺水而亡。

先文后诗

九月九日，洪都都督阎公于滕王阁设宴，欲作《滕王阁记》。一时间，江左名儒俱会堂上。王勃年少，叨陪末座。

阎公道："此地乃帝子旧阁，洪都绝景。屈尊诸公到此，欲求大才，作《滕王阁记》，刻石为碑，流传后世。务请诸名士不辞。"

话虽如此，其实阎公是为了向大家夸耀女婿的才学。阎都督有一位女婿，是长沙人，姓吴名子章。这个人有才。阎公事先让女婿写好一篇序文，准备在席间当作即兴之作，书写给大家看。

阎公命人捧来笔墨纸砚。诸儒虽是抱玉怀珠之辈，也不敢轻受。一路走来，到了王勃面前，王勃毫不推辞，慨然受之。

阎公见此状，不由得心中恼怒，拂衣离席，却派下人来，专门传递王勃写就的文句。

报："南昌故郡，洪都新府。"阎公说："此老生常谈。"

又报："星分翼轸，地接衡庐。"阎公说："此故事也。"

接着听到："襟三江而带五湖，控蛮荆而引瓯越。"阎公不语。

传吏接着报："物华天宝，龙光射牛斗之墟；人杰地灵，徐孺下陈蕃之榻。"阎公道："此子想要与我相见。"

当听到："落霞与孤鹜齐飞，秋水共长天一色。"阎公听罢，拍案叫绝："此子落笔若有神助，真天才也！"遂更衣复出，对王勃说："观子之文，乃天下奇才！"要邀请王勃上座。

忽有一人，离席而起，高声说："这篇文章，是前人写就，兀自洋洋得意！"王勃有些吃惊。阎公望去，却是自己女婿吴子章。"此乃旧作，我可以背诵。"当下，吴子章朗朗而诵，从头到尾，无一字差错。众人不免失色。

王勃脸色不变，慢慢说："您哪，真是有杨修之学问、曹子建之能力、王平之阅历、张松过目不忘之本领！"王勃问："既是先儒旧文，可有诗否？"吴子章说："无诗。"

王勃起身离席，运笔如飞：

滕王高阁临江渚，佩玉鸣銮罢歌舞。
画栋朝飞南浦云，珠帘暮卷西山雨。
闲云潭影日悠悠，物换星移几度秋。
阁中帝子今何在？槛外长江□自流。

写完便扬长而去，直奔江边。

阎公正欲挽留，听到有人说："怎么结尾空一字，没有写？"

众人近前，果见空一字。

阎公道："只怕是我等轻慢了王郎，故空一字作难大家。大家就猜猜罢。"

众人面面相觑。有人说是"独"字，有人说是"船"字。问吴子章，他苦思良久，说是"水"字。

阎公面露不喜之色，说："'独'字太浅，不合王郎诗境；'船'字太俗，不足论；'水'字太露，毫无诗意。"

众人琢磨到天亮，竟然没有想出佳字。

阎公问："此时王勃船到何处？"

衙卫答："最快到丰城。"

阎公下令："你快马追王郎，千金求其一字。"

衙卫快马加鞭，追上王勃，说明来意。王勃但笑，久之，说："王勃乃一介书生，岂敢戏弄都督大人！我将这一字写在手心上，你定要握紧拳头，见了都督方可伸掌，否则此字会不翼而飞。"寻一支笔，蘸上墨，在衙卫手心里画了一阵，令其握拳，拜别。

衙卫回府，就阎都督面前伸手，竟空无一字。阎公自语："怎么会空空如也，空空如也呢？千金难买一字呀！"猛然一惊，莫非是一"空"字?!

"妙哉！好一个'空'字！"众人齐声附和，称赞不已。

阎都督拍案叫绝："'阁中帝子今何在？槛外长江空自流。'这个'空'字用得妙，万千感慨，尽在这个'空'字上。"

渔夫点评

王勃《滕王阁序》字字珠玑，句句精妙，流传千百年。人们普遍认为，全篇不可多一字，不可少一字。

传说有一段时间，在滕王阁附近，每到夜晚，总有一只大鸟围绕滕王阁低旋，隐约之中每每似传来空谷般"落霞与孤鹜齐飞，秋水共长天一色"之吟颂声。于是人们猜想：这一定是王勃自己认为创作了这一千古名句而自我陶醉。

后来，有一位渔夫对那飞鸟说："没什么值得骄傲的。文章写得好，不已经传颂千年了？就用来炫耀的这两句，也有着值得商榷的地方。您不觉得多用了'与'和'共'这两个字？去掉它们，意境也毫不差。您看古人之诗：'江涛千古去悠悠，名篇百代忆危楼。落霞孤鹜话才子，秋水长天数风流。'不就没有再用那两个字了吗？"

大鸟听罢，尖叫一声，腾空飞去，从此再也没有出现过。

传说不可当真，但是可以说明问题：文学大家也有不周全的地方，平民渔夫照样具有文学才华——文学来源于生活。

滕王阁

2009-06-29

离天最近的地方

2021年夏秋之交，我们在西藏十日游，来回都是乘坐飞机。我们见到了人生最难忘的风景，也走过了一段心灵修行之旅。

西藏江南

林芝，地处西藏自治区东南部、雅鲁藏布江中下游，其西部和西南部分别与拉萨、山南相连，西邻那曲，东接昌都和云南迪庆。这里的海拔平均3300米左右，空气清新湿润，山清水秀、林木茂盛、草绿花艳，被称为“西藏的江南”。

这里有世界上最深的峡谷——雅鲁藏布江大峡谷；有“天然氧吧”“生物基因库”之美誉的鲁朗景区；有色季拉国家级森林公园，川藏公路蜿蜒其间。

在鲁朗小镇，我们徜徉于碧绿的草甸上，纵马驰骋于广阔的高山草原中，悠然作客于扎西岗村的平措大叔家庭旅馆，亲口品尝原汁原味、手工制作的酥油青稞面。在色季拉山垭口，我们饱览了云海、林海美景，并有幸眺望了进藏后遇到的第一座雪山——南迦巴瓦峰。

站在色季拉山口，一边可以看到南迦巴瓦峰，另一边可以看到尼洋河谷。在尼洋河谷，我见到最远古且纯净的自然风景，清新、温润，庄严、奇妙，宜居、易居，充满了童话感。它一度使我忘记了我的高原反应，以为回到了家乡江南。如能天天生活在这样的环境里，人生一定很惬意。

尼洋河谷

布达拉宫

西藏有一座雄伟的建筑——布达拉宫。这是令无数人既感到神秘又无比向往的地方。我们驱车来到拉萨，住进拉开窗帘就能看到布达拉宫的新华宾馆。

布达拉宫依山垒砌，群楼重迭，殿宇嵯峨，气势雄伟，有横空出世、气贯苍穹之势。整座宫殿，既凌空屹立，又与山体有机融合，分部合筑、层层套接，令人震撼。

金碧辉煌的金顶，在晚霞的映衬下熠熠生辉。巨大鎏金宝瓶、幢和经幡，红、白、黄三色，交相辉映。五星红旗在高原的秋风中舞动着，为布达拉宫增添了亲切感。

入夜，我们漫步在世界上海拔最高，面积有18000平方米，可容纳4万人举行大型集会活动的布达拉宫广场。数十个玉兰花式的华灯一起点亮，放射着耀眼的光芒，如同白昼。广场上人头攒动，熙熙攘攘，热闹非凡。

布达拉宫

从羊卓雍措到纳木措

藏语中，湖通常称为“措”。游西藏，不能不看“措”。我们看到了许多“措”。

从拉萨去往日喀则的途中，翻越过海拔4700米的加若拉山口，美妙绝伦的羊卓雍措扑面而来。

记得2012年在合肥参加佳能大篷车摄影活动时，第一次看到自然地理摄影师——姜平老师展示的那幅著名的羊湖美景时，我惊呆了。

羊卓雍措

今天我真的身临其境了，而且来的正是时候。蓝天下，一堆堆白云微微移动，群山环抱中，一汪清澈的湖水平静如镜，好似一块美玉。远处的湖水呈润绿色，稍远是湛蓝，近处是浅蓝，层层变化，让人目不暇接。两岸芳草茵茵，近傍湖边的山坳间油菜花盛开。仿佛上天特意为我们安排了灯光师，云缝间洒漏下的那束光柱，正好照射在油菜田间，金灿灿的油菜花在蓝色的湖水、绿色的山坡映衬下分外耀眼。对岸村庄的房屋，绿白相间，明暗有致。湖面在这里正好是最宽处，给人以无限的遐想和无尽的享受。向右，狭长的湖面，一眼望不到尽头，好似蓝色的路标箭头，一直指向最终目的地——珠穆朗玛峰。导游告诉我们，要想环湖一周，至少得行驶400公里。

纳木措则是一座咸水湖。人们所熟悉的纳木措，其实只是把焦点集中到南岸的扎西半岛区域。而对于北岸新开发的“圣象天门”景区，由于路途遥远而且荒无人烟，很少游客知道，我们有幸到此一游。

“圣象天门”，顾名思义，一只天然形成的巨大石象，屹立在辽阔的纳木错岸边，象鼻深入湖面，仿佛正在汲取湖水。石象的身体与象鼻之间，就如同一个巨大的门，人们把它比作通往天堂的门。

洁白的念青唐古拉雪山绵延数百公里，好似一条巨龙横卧纳木措南岸。圣洁的雪山，纯净的湖水，相依相伴，它们完美搭配。不知是谁创造了这些举世无双的美景？

圣象天门

珠峰圆梦

经过自驾、换乘，我们终于到了珠峰大本营。打开车门，映入眼帘的是头顶万年积雪的珠穆朗玛峰，云雾缥缈，静美圣洁。大本营四周的山体是裸露的，没有一棵树、一根草，有的只是稀稀落落的灰黄颜色。

珠峰大本营景点

第一次近距离亲眼目睹珠峰真面目，我们都有说不出的激动。大家目不转睛地凝视着珠峰。

为了这惊鸿一瞥，我们穿越了近5000公里，从318国道的362公里碑来到了珠峰北大门前的5098公里碑，从海拔20米的皖南丘陵爬升到海拔5200米的珠峰大本营。那一刻，旅途的劳累、高原反应对身体的折磨，都升华成一种洗礼、一种修炼！只有经历过，才能更加深切地感受到珠峰的伟岸和圣洁，敬畏之心油然而生，从而证明了一个道理——不是我们征服了高原，而是高原接纳了我们。

此时终于圆了大家心中的梦——站在珠穆朗玛峰的脚下。

返回的时候，天气转好，云层依然很厚，站在加乌拉山口回望珠峰：远处，雪山时隐时现；中间，群山逶迤，云层间洒漏下的阳光交替变幻、山体表面色彩斑斓；近处，108拐千回百转。粗看是一幅静态的画卷，细嚼更是一首动态的诗篇，美到让人窒息。

我为西藏骄傲，我为祖国自豪。

2021-09-12

三里店

孤峰河畔秦汉墓，白象山顶西周城。
涌珠泉淌英雄血，父子岭颂民族魂。
吴王光剑藏金埂，沈炼眠睡荷花形。
梦官独修振风塔，大雯三代葺明伦。
漳淮月洗凡尘垢，吕山鹰荡世俗痕。
文明璀璨四千岁，古镇人杰地更灵。

2010-04-04

三里店街道

吕山村

吴王宝剑藏金埂，宗炼归葬荷花形。
岸头汇聚秦汉墓，土塘铭刻铁军魂。
马义情重承若坑，铁炉邑贤惠南泾。
三元环水梁荟萃，皖风徽韵日蒸蒸。

2017-03-22

吕 山

山泉村

紫峰桥畔千年柏，广济坦前永顺堰。
书院车山连石室，望尼山顶念圣贤。
涌珠淮水一清泉，煤炭陶瓷云母献。
抗倭英烈魂安处，山清水秀生活甜。

2017-04-22

山　泉

永顺堰

六百风霜永顺堰，叶氏接力修与建。
美名流扬逊都江，分洪润禾同奉献。

2013-12-03

永顺堰

恒泰新街

恒泰南路一新街，粉墙黛瓦承徽派。

美丽乡村惠你我，蓝天丽日舒胸怀。

2017-06-18

恒泰新街

芜湖颂

天门山开鸠鸟来，中江宝塔古城寨。
千年米市誉九州，万辆奇瑞驰四海。
长江大桥公铁快，外贸码头连中外。
经济腾飞高速路，人民生活阔步迈。

2008-10-19

镜 湖

秋意流淌山水间

金色斜阳山水照，绿波荡漾鸭逍遥。
翠色葱茏风光美，黄绿相间秋意闹。

2021-11-18

山塘秋艳

京福高铁赞

朝辞南国酷暑炎，暮归故土秋风闲。
五个时辰跨四省，一方白昼越三千。
钻山看海桥隧连，宽敞舒适笑声甜。
千山万水晴雨雾，京福高铁把梦圆。

2015-08-23

京福高铁福州站

京福高铁南陵站

京福高铁一明珠，自古粮仓南陵阜。
青山绿水人灵杰，昂首阔步小康路。

2020-03-23

京福高铁南陵站

采风桃花潭

山青水秀桃花潭，李白汪伦友情传。
四季美景摄不尽，一入仙境乐忘返。

2010-05-08

桃花潭

采风偶得

想拍油菜不见花，山村日落觅烟霞。
破土蕨蕾任采撷，眼福口福都不差。

2011-03-27

吕山若坑

雨中游汀溪即兴
——和阳春同学

水墨汀溪雨中走，移步异景仙境游。
疑入湘西金鞭峡，实为皖南楼外楼。
同窗已逾四十秋，手足情深义不休。
青春少年过往事，半百再聚叙原由。

2016-06-19

汀　溪

三游陈村水库

截流筑坝抵山腰，峡山碧湖景窈窕。
陈村太平百里水，桃潭李汪万年交。
大唐电厂深山坳，灌电游渔业绩骄。
翟氏文武双状元，万姓义门彩虹桥。

2021-04-26

陈村水库

教书乐

一支粉笔传承千载文明，
两袖清风培育万世英才。
三尺讲台解惑天文地理，
四书五经演说古今中外。

2007-04-12

乡村学校从教30年证书

家父生平小赞

聪颖好学自成匠，精耕细作农事强。
谨言慎行睦邻里，严慈相济育儿郎。
单枪匹马撑房长，披星戴月子女荒。
花甲才二乘鹤去，家境日兴福未尝。

2007-06-28

父母留影

人勤春来早

风清云淡神气爽，满目春光菜花黄。
机声隆隆春意闹，铁牛欢乐泥土香。

2017-03-26

吕山若坑

居家过日子

婆媳一条心，阖家无纷争。
拧成绳一股，泥土变成金。
敬老又爱幼，友里且睦邻。
传统身上烙，美德心中存。

2011-12-05

中秋合影

虎儿乔迁之喜

只身南下志凌云，融都觅爱获真情。
南山置业齐奋进，前海开发踏锦程。

2011-12-02

深圳前海自贸区掠影

汪竞新婚寄语

千里姻缘一线牵，两心相悦意绵绵。
鹏城连理齐奋进，琼皖双亲尽开颜。
克勤克俭承祖训，唯耕唯读记心田。
朱陈南粤图国兴，琴瑟和鸣育后贤。

2012-03-10

儿子婚庆合影

育孙心迹

五十有三添孙爱，四下广东接皖来。
饮食冷暖头等事，嬉笑哭闹图文载。
蹒跚学步拒依赖，咿呀鸟语巧舌开。
养儿育孙职责异，苦累藏乐乐开怀。

2015-04-25

孙女笑

稚囡弄豆

皖江野红豆，粤仔最爱玩。
洒落满地是，祖孙乐得欢。
抬脚踩着走，红珠随意转。
权当旱冰鞋，谁知方向乱。

2015-05-02

孙女玩红豆

登庐山

骄阳似火当空照，云蒸霞蔚雾缭绕。
只因身在此山中，不识庐山真面貌。

2006-04-23

庐　山

走云南

穿云破雾四千里，皖南驴友莅春城。
马不停蹄昆大丽，翻山越岭钻石林。
南诏宝塔寻岁月，茶马古道求年轮。
雪山草甸游圣境，民族村落赏风情。

2015-07-30

南诏宝塔

川渝行

成渝公路穿山绕，八百行程半日到。
蜀道如今成坦途，陆空畅达行人笑。

2006-05-26

四川乐山掠影

徽州行

一

新安山水天下奇，蕴藏花山又一迷。
千年石窟人工凿，功能作用史无籍。

二

牛形村落世上稀，远山近水田园诗。
飞檐翘角马头墙，砖木石雕儒雅致。

三

黄山脚下第一漂，夹溪河上乐逍遥。
平湖荡舟品悠闲，激流冲浪玩心跳。

2007-04-16

宏村月诏

重游张家界

重访武陵已六年，陆空畅达笑开颜。
天子山巅人看雾，袁家寨中伴神仙。
天生桥畔心震撼，百龙天梯腿颤软。
十里画廊人仙事，魅力湘西乐翻天。

2011-09-18

张家界

重游逍遥津

几度春夏几多秋，风霜雨雪博激流。
二十初把包祠拜，半百重返逍遥游。
徜徉湖畔寻旧忆，攀爬古阁把景收。
同学三人路相异，故地可否再聚首。

2012-09-08

逍遥津

湘西古城

魅力古城风情浓，芙蓉凤凰各不同。
湘风徽韵互增色，苗遥侗土白汉融。
依山傍水夺天工，天南海北商旅涌。
生生不息人间景，千年传承一脉通。

2011-09-19

云南丽江

丙申初秋自粤返皖途中心迹

初秋七月中伏天，高铁一曰粤皖间。
晨品南海朝霞靓，夕赏东土炊烟闲。
眼花颜乱加形变，劳神费脑心累添。
恍惚花甲强势去，乐想天伦养天年。

2016-08-14

福建风光

己亥初春下南洋

祖孙三代新春秀，飞出国门南洋走。
马来半岛四季夏，异域风情满目收。
虎儿南粤十年业，我等多度蹭风流。
为儿未曾把恩报，养儿却已福悠悠。

2019-02-09

新加坡风光

为霖枫霖影友《渔梁之春》作

青山绿水新安江，粉砖黛瓦马头墙。
大师镜中赛仙界，渔梁坝上菜花香。

2010-03-14

渔梁之春

为“东方之子”《尧乡春色》作

青山白云菜花黄，春水嫩草肥牛羊。
西电东送铁塔矗，尧乡生态赛天堂。

2010-04-01

尧乡春色

为《梨花绽放又一春》作

树树梨花彩蝶采，满园春色影人爱。
绿肥红瘦此花洁，梯田通往天堂寨。

2014-02-25

桃花潭春色

题《山水如梦》

一叶轻舟山水间，浓淡薄雾地连天。
初升旭日破云罩，依山傍湖人赛仙。

2010-8-30

山水如梦

题《行摄安昌》

绍兴古镇风味浓，安昌柯桥有异同。
小桥流水仙人住，移步异景摄无穷。

2012-05-02

绍兴水乡

捣练子·孔子与三里店

夫子岭，望尼山。仲尼书台设吕峦。孔村无孔夫子住，树园书院墨香酣。

2021-05-05

三里孔村

捣练子·三里风光

淮水漾，吕峦巍。鹅岭横云霞雾催。漳水拖蓝映日月，南埔甘泉凤凰飞。

2021-05-16

漳河上源小景

雪域高原纪行

向往高原越川藏，航天雄城过西昌。
南粤一日飞林芝，雪域美景睛镜忙。
拉萨山南抵珠峰，边镇喀则眺东方。
布宫千载守疆土，文成世代佑安康。

2021-08-06

圣象天门

回望珠峰

附　录

作者文学作品一览

1.《被逼学电脑》，《芜湖晚报》1997/11/20
2.《马义桥的故事》，《南陵周刊》2005/12/27
3.《悠悠吕山情》，《南陵周刊》2006/1/10
4.《奶奶班主任》，《南陵周刊》2006/2/28
5.《孤峰河上赏石桥》，《南陵周刊》2006/9/26
6.《记忆中的父亲》，《南陵周刊》2006/11/21
7.《说痴》，《南陵周刊》2007/7/24
8.《老师的一句话》，《南陵周刊》2007/8/28
9.《读书》，《南陵周刊》2007/9/25
10.《回味收音机》，《南陵周刊》2008/1/15
11.《三里古镇藏石桥》，《皖江晚报》2008/3/24
12.《三里店与新四军》，《皖江晚报》2008/4/28
13.《明代援朝抗日将领沈炼》，《皖江晚报》2009/4/20
14.《三元桥的故事》，《皖江晚报》2009/6/22
15.《人文吕山》，《皖江晚报》2009/8/10
16.《塌里河战斗》，《皖江晚报》2009/10/12
17.《乌龟岭伏击战》，《皖江晚报》2009/10/12
18.《统战策反促成伪三里乡起义》，《皖江晚报》2009/11/30

19.《合乐桥畔的红色故事》，《皖江晚报》2010/2/1

20.《我帮母亲做豆腐》，《南陵周刊》2010/11/30

21.《教书乐》，诗歌，《南陵诗词》2011/8/8

22.《思念》，《南陵周刊》2014/4/1

23.《菖蒲草色绿　鱼水情义浓》，《春谷》2014/3/8

24.《多行不义必自毙》，《春谷》2014/3/10

25.《如水父子双匾记》，《春谷》2014/3/12

26.《青山有幸埋忠骨》，《春谷》2014/3/13

27.《那年高考落榜时》，《南陵周刊》2017/6/13

28.《溶洞办学》，《春谷》2020 年第 1 期

29.《沈炼故居地　诗情画意浓》，《春谷》2021 年第 1 期

30.《璀璨吕山村》，《春谷》2021 年第 1 期

作者摄影作品一览

1.《锕峰小学》，《百家作文指导》1997 年

2.《露灯》，《大江晚报》2009/5/14

3.《日全食》，《安徽商报》2009/7/23

4.《相依相伴》，《县政协纪念册》2009/9/9

5.《荷锄回家》，《大江晚报》2011/5/9

6.《静》，《南陵报》2011/6/16

7.《烟灯镇寻秋》，《南陵报》2012/12/4

8.《美丽家园》，《今日安徽》2014/3/20

9.《多彩山泉村》，《南陵报》2017/1/4

10.《若坑春早》，《南陵报》2017/3/28

11.《晨读》，《南陵报》2017/4/25

12.《兄弟情》，《南陵报》2017/5/9

13.《银杏人家》，《南陵报》2017/12/12

作者学术作品一览

1.《谈信息技术与学科课程的整合》,《南陵周刊》2006/4/25

2.《南陵县三里店附近营盘山小考》,《皖江晚报》2010/9/13

3.《漳河之源新探》(与魏清平合写),《芜湖日报》2020/8/10

4.《利用计算机提高学校管理手段的几点设想》,市级三等奖,1999/12

5.《一道化学中考试题解答的探究》,市级三等奖,2009/5

6.《走出农远应用中的几个误区》,省级三等奖,2012/11

后　记

三里这片热土，文化底蕴丰厚，数千年来，演绎着无数美好的故事与传说。在这里，父老乡亲年复一年，日复一日，劳作不息。我为能生长在这片热土上、工作在这片热土上，感到无比自豪、无比骄傲。

我自幼家境贫寒。父亲聪颖好学，却英年早逝。母亲勤俭持家，偏偏晚年遭受恶病磨难。我的两个姐姐，早早远嫁，亲情难舍，常留于心。父母抚养我们，历经千辛万苦。大家现在过着幸福美好的生活，但没有忘记曾经的磨难。这就是人们常说的“先苦后甜”吧！

教书育人，这是我喜爱的工作；工作之余，我有幸参与第三次全国文物普查工作，在南陵县有关部门的指导下，深入接触家乡的历史和文化，对家乡的风土人情有了更多认知。临近退休之际，我将关于家乡的诸多碎片整理成集。我才疏学浅，从理偏喜文，自知文字中罕有阳春白雪之辞，多为下里巴人之句，但是这些文字记录了我年近花甲的人生轨迹，抒发了我对家乡、对亲人、对师友、对时代、对社会的满腔热情。幸得多位老师、同仁的指导与帮助，在此一并致谢！特别感谢恩师夏克震先生悉心修改与整理！

付梓前作诗一首以记之：

耳顺人生六欲丢，往事历历藏心头。
数九破蒙梦想种，二十奋发青果收。
孔村育苗不惑春，三里耕墨四十秋。
文影尘痕自寻乐，情系山乡犁枣留。

汪佑宝

2021-08-10

编　后

当初，接到夏克震老师的电话，他认真向我推荐一本关于南陵三里的历史文化的书稿。夏老为三里的教育事业奋斗了一辈子，对三里饱含深情，年逾八十仍时时刻刻关注三里文化的建设。书稿的作者是汪佑宝老师，他是夏老的学生，学成归来，先成为夏老的同事，后接替夏老的职务，可谓“一脉相承”。退休之前，汪佑宝老师将自己近二十年的研究成果捧了出来。

我上初中时，夏老是校长；我教初中时，汪佑宝老师是校长。两位老领导的谆谆教导犹在眼前！得夏老垂青，2014年我编辑出版了夏老的散文集《梦回故乡》；今年，夏老特别推荐了两本书稿，除了汪佑宝老师的这本书稿，还有汪乐玲的书稿。

夏老的《梦回故乡》，记述故乡的山水人物，文笔清新活泼，情感浓郁真挚。作家刘晓航作序，叫《乡愁是一条河》，点出整本书的基调：家乡生了我们、养了我们，我们渐渐老了，用什么来反馈家乡呢？

汪佑宝老师的《情系山乡——从孔镇铺到三里店》这本书，则大力发掘故乡的历史。看惯的山，居然与孔子有渊源；见惯的水，居然见证过王侯将相的更替。恬静的家园，原来也曾战火纷飞；美好的乡村，原来也曾热闹非凡。

汪乐玲的《乐玲玉缘》，亦即将出版，讲求“格物致知”，从身边的花草树木而演绎情感、推出哲思，从寻常饮食、寻常婚姻、寻常旅游中获得生活之美。

三本书，第一本描绘家乡近八十年的风土人情，第二本掸拭家乡横跨两千年的历史灰尘，第三本捕捉隐藏在家乡的绚丽多姿的各种美。我有幸先后接受这三部书稿，担任责任编辑。若能为家乡的文化建设出一二力气，这是我早就盼望的，则是我的大幸福。

社领导在审读《情系山乡——从孔镇铺到三里店》这本书稿时，在听了我对作者的详细介绍后，曾作诗称赞我的老领导——汪佑宝老师，特此抄录以记之：

执鞭吕山不惑秋，种墨乡土四十春。
躬耕勤读自寻乐，桃李成蹊满乾坤。

潘安

2021-11-18